넥스트 밸류

대한민국 가치의 대이동

넥스트 밸류 대한민국 가치의 대이동

1판 1쇄 발행 2023. 11. 30.
1판 2쇄 발행 2023. 12. 28.

지은이 신한카드 빅데이터연구소

발행인 고세규
편집 김성태 디자인 박주희 마케팅 김새로미 홍보 반재서
발행처 김영사
등록 1979년 5월 17일(제406-2003-036호)
주소 경기도 파주시 문발로 197(문발동) 우편번호 10881
전화 마케팅부 031) 955-3100, 편집부 031) 955-3200 | 팩스 031) 955-3111

값은 뒤표지에 있습니다.
ISBN 978-89-349-4608-3 03320

홈페이지 www.gimmyoung.com   블로그 blog.naver.com/gybook
인스타그램 instagram.com/gimmyoung   이메일 bestbook@gimmyoung.com

좋은 독자가 좋은 책을 만듭니다.
김영사는 독자 여러분의 의견에 항상 귀 기울이고 있습니다.

넥스트 밸류

대한민국 가치의 대이동

신한카드 빅데이터연구소

김영사

일러두기

- 신한카드 고객 3,100만 명, 가맹점 300만 개는 대한민국 소비의 실질적 주체입니다. 이 책은 신한카드 개인 신용·체크 이용 데이터를 토대로 대한민국 소비자의 시간 변화, 공간 변화, 가치 변화를 분석한 자료를 담았습니다.

- 본문의 출처 중 '썸트렌드 비즈sometrend biz'는 바이브컴퍼니의 소셜 분석 서비스인 썸트렌드 비즈 툴을 활용하여 신한카드 빅데이터연구소에서 분석하였습니다.

- 인명, 지명, 작품명 등의 외래어는 국립국어원 외래어 표기법을 따르되 몇몇 경우는 관용적 표현을 참고했습니다.

- 단행본·정기간행물·웹진 등은 《 》로, 기사·보고서·영화·드라마·그림·방송 프로그램 등은 〈 〉로 묶었습니다.

- 저작권 허락을 받지 못한 일부 인용 구절은 추후 저작권을 확인하는 대로 절차에 따라 계약을 맺고 저작권료를 지불하겠습니다.

NEXT VALUE

세상을 담는 그릇,

소비 빅데이터의
가치를 전하다

발문

"스마트폰 앱을 보면 그 사람의 삶이 보인다"라는 말이 있다. 스마트폰만 봐도 한 사람의 삶 전체를 짐작할 수 있다는 의미다. 스마트폰 안에는 많은 정보가 들어 있어서 우리는 지갑보다 스마트폰을 잃어버렸을 때 더 큰 충격을 받는다.

스마트폰만 그런 게 아니다. 스마트폰처럼 한 사람의 삶을 보여주는 것은 또 있다. 가로 85.60밀리미터, 세로 53.98밀리미터의 황금비율을 자랑하는 신용카드가 그것이다. 간편결제가 급격히 늘면서 신용카드는 스마트폰 안으로 들어갔다. 덕분에 우리는 온·오프라인 소비 빅데이터에 기반해 요즘 사람들의 관심사와 트렌드, 시대 변화 양상까지 예측할 수 있다.

그만큼 지금은 소비 빅데이터가 중요한 시대다. 일상 변화뿐 아니라 우리의 가치관까지 들여다볼 수 있기 때문이다. 가령 잘 먹는 것에 높은 가치를 두는 사람은 전체 소비 중 식비 비중이 크고 파인 다이닝fine dining 결제 빈도가 높은 편이다. 스타일을 포기하지 못하는 사람은 패션·뷰티 업종에 소비하는 비중이 크다. 그뿐 아니라 특정 가맹점이나 상권의 매출을 분석하면 흥망성쇠를 진단하고 예측할 수 있다.

지역과 성별, 나이가 같을지라도 개개인의 소비는 천차만별이다. 소비에 미치는 변수가 다양하고 복잡하기 때문이다. 어쨌

7

거나 전혀 다른 취향과 라이프스타일을 지닌 사람들을 유형별로 구분해 양질의 서비스를 제공하고 마케팅하는 일은 카드업의 생존 과제이자 숙명이다. 이를 위해 우리는 소비 데이터와 패턴을 분석하여 그들, 그 세대, 그 시대의 '사는buy 모습'과 '사는live 방식'을 파악하고 세상의 변화를 종합적으로 이해하고자 노력한다.

2013년 말, 신한카드는 업계 최초로 빅데이터 경영 체제를 도입하면서 빅데이터연구소를 설립했다. 설립 초기에는 1개 팀으로 시작했으나 설립 10주년을 맞이한 현재는 5개 팀 본부급 조직으로 성장하였다. 그사이 우리는 서점, 음식점 상호뿐 아니라 미디어 예능 프로그램에서도 빅데이터라는 단어를 쉽게 접하게 되었다. 지난 10년을 돌이켜보면 빅데이터의 범용성뿐 아니라 우리가 사는 세상도 크게 달라졌음을 체감한다.

지금은 바야흐로 가상과 현실이 얽힌 초연결 시대다. 생성형 AI와 대화하는 것이나 집 안으로 들어온 AI 로봇이 그것을 대표적으로 보여준다. 이미 매일, 매 순간 방대한 데이터가 쏟아지고 있으며 앞으로 데이터의 양은 더 많아질 것이다. 데이터가 넘치는 만큼 데이터를 제대로 다루는 능력이 매우 중요한데, 특히 그 안에 숨은 진짜 의미와 가치를 분석하는 전문가의 안목에 주목할 필요가 있다.

우리나라에서 가장 많은 사람에게 사랑받는 신한카드는 업계 1위로 엄청난 소비 빅데이터를 보유하고 있다. 신한카드 3,100만 고객이 300만 개가 넘는 가맹점에서 매월 3억 5,000만 건의 거래를 하고 있다. 나아가 신한카드는 업계 최대 플랫폼인 신한 SOL 페이, 신한 MyCAR, 신한 MyShop 등 디지털 플랫폼이 내뿜는 양질의 데이터를 보유한 빅데이터 기업이다.

오랜 기간 소비 빅데이터를 파고들며 세상 보는 눈을 키워온 신한카드 빅데이터연구소에서 인사이트 도서 《넥스트 밸류 : 대한민국 가치의 대이동》을 출간한다. 데이터 분석 노하우와 지식을 담아 세상의 변화를 읽어낸 책이다. 이는 우리나라 소비를 대표하기에 충분한 신한카드 빅데이터의 가치를 사회와 나누며, 함께 성장할 수 있는 '기업시민' 역할을 끊임없이 고민한 결과 중 하나다.

우리나라는 스마트폰 보급률이 상위에 속하는 디지털 강국으로 정부 주도 아래 다양한 데이터 정책을 마련하고 있다. 하지만 데이터를 쉽게 접하지 못하는 '데이터 소외계층'이 여전히 많다. 이번 도서 출간으로 데이터에 목마른 분들이 조금이나마 갈증을 해소하고, 많은 분과 데이터 인사이트를 나눌 수 있기를 바란다.

특히 이 책은 객관성을 확보한 통합 데이터에서 찾아낸 '보물 같은 인사이트'를 담고 있다. 따라서 이 책이 우리 사회의 달라진 시간 쓰임새를 발견하고, 고정적인 공간 인식을 확장하며, 당신의 생활과 비즈니스에 유용한 지침서가 되기를 기대해본다.

2023년 11월
신한카드 대표이사 문동권

'지금'과 '여기'의

가치를 알고 있나요

프롤로그

세상을 인식하는 두 가지 축인 시간과 공간이 변하고 있다. 우리는 스마트폰을 톡톡 두드려 몇 시인지 확인한다. 여전히 하루는 24시간이고 1시간은 60분이다. 25시는 없으며 1시간이 30분으로 단축되는 일은 일어나지 않는다. 그리고 우리는 여전히 바닥에 뒤꿈치를 톡톡 찍는다. 사람은 기계가 없으면 하늘을 날지 못하고 늘 바닥을 딛고 살 수밖에 없다. 시간이 뒤바뀐 것도, 공간이 뒤틀린 것도 아닌데 시간과 공간이 어떻게 변하고 있을까?

여기, 두 가지 질문이 있다.

"집에서 가장 가까운 마트는 어디인가요?"

"그 마트는 몇 시에 문을 닫나요?"

놀랍게도 그 답은 이러하다.

"집에서 가장 가까운 마트는 스마트폰 액정 속에 있고 그 마트는 문을 닫지 않는다." 우리가 시간과 공간을 인식하는 방식이 얼마나 달라졌는지 실감했는가. 거리의 상점이 문을 닫아도 손 안의 상점은 문을 닫지 않기에 우리는 언제 어디서든 소비할 수 있다. 쿠팡, 컬리 같은 이커머스의 성공 전략은 '시간 경쟁력'에 있다고 해도 과언이 아니다. 이커머스뿐 아니다. 카카오톡 채팅방 속 '가족 단톡방'은 물리적 공간인 집을 대체할 수 없지만 가족 모두가 모이는 거실 역할을 한다. 마찬가지로 회사와 학교는 사무

실과 강의실이 아닌 곳에서도 기능한다. 이러한 시공간 변화는 우리가 세상을 인식하는 방식을 바꾸며, 우리가 살아가는 세상을 움직인다.

이미 우리는 시간과 공간 인식이 달라지고 있음을 눈치채고 있다. 무엇보다 노동 시간 감소와 기술 혁신으로 인한 생산성 증가로 사적 시간이 늘어나면서 시간 활용 감각이 새로워졌다. 또 이커머스의 급속한 성장과 대형 리테일러의 실적 부진은 공간 인식과 소비 방식에 지각변동이 일어나고 있음을 보여준다. 우리가 이 변화를 극단적이고 강렬하게 체감하며 공감한 계기는 코로나-19에 있다. 코로나-19는 달라진 시공간 인식이 실제로 사회와 시장에서 어떻게 적용되고 있는지 보여주었다.

팬데믹 시기에 우리는 두 가지 강제를 받아들였다. '만나지 말라.' '이동하지 말라.' 집에 틀어박혀 누구도 만나지 않는 사람은 모범 시민으로 여겨졌다. 만나지 않고 이동하지 않아야 건강을 지킬 수 있고, 내가 내 건강을 지키는 게 정의이자 선의였기 때문이다. 한데 만나지 않고 이동하지 않아도 우리는 끊어지지 않고 연결되었다. 일주일 내내 회사에도 학교에도 가지 않았지만, 회사와 학교에 '다니고 있음'은 여전했다. 온라인 예배, 온라인 콘서트, 온라인 클래스를 경험한 사람들은 의외의 장점에 호응했다. 변화는 여기서 그치지 않았다. 미쉐린 레스토랑이 배달을 시작하고, 주요 이커머스의 배송 시간은 점점 빨라졌다. 또 사전 방문 예약이 일상이 되고 한정된 고객만 받는 프라이빗 공간이 끊임없이 생겼다. 처음 겪는 일들은 낯설기도 했지만 사람들은 우려한 것보다 신속히 적응했고 이내 익숙해졌다. 바이러스와 공존하는 삶은 그렇게 면역력과 함께 새로운 시공간 인지력을 키워주었다.

일상 마비는 불편을 초래했고 위기였지만 케케묵은 관습과 비효율적 관행을 재정비하는 기회이기도 했다. 대표적으로 불필요한 회식과 의미 없는 미팅이 자연스럽게 사라졌다. 효율과 편리를 바탕으로 그동안 묵인해오던 고압적 위계와 고정관념도 허물어졌다. '그동안 이걸 왜 했지?'와 '그동안 이걸 왜 안 했지?'의 연속이었다. 일상 시간표가 달라지고 일상 장소가 바뀌었으며 생활 가치관마저 변화했다. 그렇게 바뀐 습관은 새로운 합의를 이끌었고, 그 새로운 합의는 사회의 축을 바꾸고 있다.

무엇보다 이 모든 변화로 달라진 소비 기록이 고스란히 쌓였다. 특히 신한카드 3,100만 고객의 소비 기록은 시공간 좌표를 남기며 전례 없는 기념비적 데이터로 변환되었다. 카드 명세서 내역은 그야말로 달라진 일상의 증거였다. 몇 시에 배달을 많이 이용하는지, 몇 시에 저녁을 먹는지, 몇 시에 웹툰을 많이 보는지, 어떤 장소에 누가 왜 많이 가는지 같은 소비 기록은 미래를 전망하는 자료로 쓰인다. 이 책은 그 귀중한 빅데이터 분석을 바탕으로 하고 있다.

신한카드는 우리나라에서 가장 많은 사람이 사용하는 카드다. 고로 신한카드 빅데이터는 가장 탁월한 소비 조망권을 보장한다. 카페에서 착석과 대화가 금지된 시기를 경험한 사람들이 찾는 카페의 특성은 무엇일까? 손 안에 해외 백화점부터 유기농 식품몰까지 쥐고 있는 시대에 우리는 무엇을 사러 어디로 가야 할까? 출퇴근이 당연하지 않은 시기를 경험한 직장인의 점심시간은 어떠할까? 이 책은 지금 우리 시대와 일상을 아우르는 다양한 소비자 상을 시간과 공간 축으로 분석하면서 달라진 가치관을 살펴본다.

PART 1과 PART 2에서는 시간 변화를 다룬다. PART 1에서는 시간 주권을 넘어 '시간 결정권'을 갖게 된 사람들이 시간을 어떻게 사용하는지 분석한다. 다시 말해 모두 똑같은 '삼시三時'가 아니라 개인이 시간을 분절하고 재구성하는 현상을 톺아본다. PART 2에서는 가격 대비 성능을 넘어 '시간 대비 효과'가 왜 중요해졌는지 분석한다. 즉, 기술이 발달하면서 예민하고 첨예해진 시간 감각을 살펴보고 우리에게 시간적 편리와 유용을 제공하는 서비스를 알아본다.

PART 3, PART 4, PART 5에서는 공간 변화를 다룬다. PART 3에서는 고유한 옛것과 신선한 새것으로 채운 공간이 사랑받는 이유를 분석한다. 어느 공간에 있는가가 내가 누구인지를 보여주는 시대에 '요즘 뜨는 지역'의 환경과 방문자, 상권의 특징을 파헤친다. PART 4에서는 판매점이 아니라 '체험장'으로 변한 오프라인 공간 변화 과정을 분석한다. 오프라인 리테일 종말론을 극복하기 위해 달라지고 있는 상업 공간이 적정한 기술과 감성적 콘텐츠로 사람을 끌어당기는 비밀을 파헤친다. PART 5에서는 감각, 감성, 감동으로 채운 새로운 공간의 부가가치를 분석한다. 스크린으로 모든 걸 볼 수 있는 시대에 스크린 밖에서만 누릴 수 있는 새로운 느낌을 선사하는 브랜드 공간, 숙박 공간, 예술 공간을 살펴본다.

PART 6에서는 가치 변화를 다룬다. 다시 말해 자기 취향에만 의존하지 않고 자신만의 기준과 가치를 담아 소비하는 '관점 소비' 경향을 알아본다. 세상의 표준이 아니라 나만의 표준을 정의하며, 브랜드 네임보다 진정성의 가치에 따라 움직이는 사람들의 주체적 소비 가치관을 들여다본다.

미래는 언제나 불확실하다. 그래도 세상의 축을 이해하면 불확실성 세계를 건너갈 혜안을 갖출 수 있다. 시대는 빠르게 변하고 있다. 우리는 세상의 흐름에 민첩하게 올라타 변화에 대응하고 변혁을 주도해야 한다. 이를 위해서는 사회를 인식하는 축의 전환을 이해할 필요가 있다. 축은 이미 바뀌기 시작했다. 갑자기 시계 시침이 시계판 밖 시간을 가리키더라도, 갑자기 인간이 하늘을 날게 되더라도, 당황하지 않으려면 시공간 변화에 민감하게 촉각을 곤두세워야 한다.

10년 넘게 우리나라 소비를 활발하게 분석해온 신한카드 빅데이터연구소는 더 나은 미래를 위한 단서를 여러분과 나누고자 한다. 방대한 소비 데이터에서 발견하고 길어올린 귀한 인사이트가 여러분의 삶을 행복 쪽으로 안내하길 기대한다.

차 례

6 　발문　세상을 담는 그릇, 소비 빅데이터의 가치를 전하다

10 　프롤로그　'지금'과 '여기'의 가치를 알고 있나요

19 　**PART 1**
　시간 재구성

　조직 일정에서
　개인 일정으로,
　우리가 보내는 시간은
　똑같지 않다

21 　시대가 바뀌면 시간 활용법도 달라진다

25 　언제 어디서든 원하는 걸 구매한다

26 　돈을 쓰는 시간이 달라지고 있다

30 　성공보다 성장을 위해 투자하는 아침

39 　'뭐 먹지'가 아니라 '뭐 하지'를 고민하는 점심

46 　회식 장소가 아니라 콘텐츠를 찾는 저녁

56 　**NEXT VALUE** 개인의 틈새 시간을 공략하라

63 　**PART 2**
　시간 재발견

　가격 대비
　성능을 넘어
　시간 대비
　효과를 생각한다

65 　성공하는 서비스는 시간을 창조한다

66 　성공하는 서비스 1. 시간 해방 서비스

75 　성공하는 서비스 2. 시간 예측, 예약, 예보 서비스

84 　**NEXT VALUE** 가성비를 넘어 시성비를 따져보라

89 　**PART 3**
　공간 재생

　요즘 뜨는 지역엔
　고유한 옛것과
　신선한 새것이 있다

91 　외식 소비 데이터가 알려주는 핫플레이스

95 　성동구, 영감을 주는 新로컬리티

107 　송파구와 영등포구, 구도심이 뜨는 이유

115 　**NEXT VALUE** 지역의 오리지널리티를 찾아라

121	PART 4	123	오프라인 공간의 생존법
	공간 변화	124	적정한 기술이 사람을 향할 때
		133	선별화, 맞춤화, 지역화
	판매점에서	136	평방미터보다 매력미터
	체험장으로,	145	낯선 자극, 낯선 즐거움
	오프라인 공간은	150	**NEXT VALUE** 고객 입장에서 플레이그라운드를 만들어라
	살아 움직인다		

155	PART 5	157	존재하지 않던 공간의 장르
	공간 탄생	165	브랜드 공간: 사는 곳이 아니라 하는 곳
		183	숙박 공간: 일상의 로망을 실현하는 곳
	사람의 마음을 사는	200	예술 공간: 지금 사람과 돈이 모이는 곳
	새로운 가치와	219	**NEXT VALUE** 감각, 감성, 감동을 깨우는 공간을 기획하라
	느낌을 창조한다		

227	PART 6	229	나를 찾기 위한 적극적 탐색
	가치 차별화	230	취향 소비에서 관점 소비로
		231	세상의 표준에서 나만의 표준으로
	취향을 넘어	236	네임 밸류보다 트루스 밸류
	관점을 설계하는	242	대량 생산 이코노미에서 셀프 이코노미로
	전략이 필요하다	252	**NEXT VALUE** 고유한 철학과 신념을 담아라

| 256 | 에필로그 시공간 변화에서 사업 가능성을 발견하라 |
| 262 | 주석 |

PART 1

시간 재구성

조직 일정에서
개인 일정으로,
우리가 보내는 시간은
똑같지 않다

시대가 바뀌면 시간 활용법도 달라진다

시청률 64.5%를 기록한 드라마 〈모래시계〉를 마지막으로 방송한 1995년 2월 16일, 본방송을 보기 위해 그날 대한민국 길거리에 사람이 한 명도 없었다는 설화에 가까운 이야기가 있다. 무인문방구에서 키오스크를 이용하고, 로봇이 커피를 내려주는 카페가 일상인 유년기를 보낼 2020년대생은 과연 이런 이야기를 이해할 수 있을까? 그로부터 약 30년이 지난 2023년 3월 10일 저녁, 지하철을 타고 퇴근하는 사람들의 휴대전화 화면에는 저마다 다른 시간에 시작한 넷플릭스 시리즈 〈더 글로리〉 시즌2가 각기 다른 배속으로 재생 중이었다. 거리엔 사람들이 가득했다. 다만 그 거리에 〈더 글로리〉도 있었을 뿐이다.

태어나 처음 한 말이 '엄마'가 아닌 '알렉사(아마존의 AI 스피커)' 였다는 알파세대(2010년 이후 출생한 이들)에게 마트란 가서 장을 보는 곳일까, 아니면 집으로 찾아오는 곳일까? 그들에게 '마트는 가는 곳이 아니라 찾아오는 곳'이라는 인식이 더 자연스러울 수도 있다. 아침마다 문 앞에 당일 먹을 음식과 쓸 물건이 놓여 있는 풍경을 보고 자라기 때문이다. 현대를 살아가며 "오늘 밤 주문하면 내일 아침에 온다"라는 말에 놀라는 사람은 없다. 심지어 아침에 일어나 휴대전화 알람을 끄는 동시에 '배달의민족' 앱을 실행하고, B마트로 그릭요거트를 주문한 뒤 샤워하고 나오면 현관문 앞에 아침으로 먹을 요거트가 담긴 봉투가 놓여 있다. 퀵커머스의 대표 브랜드 중 하나인 배달의민족 B마트는 취급 품목을 계속 확장하는 중이고, 덕분에 전기밥솥 같은 가전제품까지 30분 안에 문 앞에 도착한다. 23시에 변기가 막히면 당근마켓으로 변기를 뚫어줄 사람을 찾는 것이 가능하고, 고서점에서조차 찾기 힘든 절판된 책도 클릭 한 번이면 쿠팡 로켓배송으로 다음 날 새벽 배송받을 수 있다. 비용만 치르면 모든 불편함을 실시간으로 해소하는 게 가능하다. 이는 불과 몇 년 전만 해도 생소하던 일이다.

당연하지 않던 일에 익숙해졌을 때 우리는 일상이 변화했음을 알아챈다. 이것은 경험으로 새로운 사회적 약속을 학습한 결과다. 23시까지 주문하면 내일 먹을 음식을 다음 날 아침 집 앞으로 가져다준다는 약속, 카페에 도착하기 전에 휴대전화로 미리 주문하면 지체할 것 없이 음료 테이크아웃이 가능하다는 약속, 콘텐츠 스트리밍이 실시간으로 이뤄진다는(불법 다운로드를 하면 절대 안 된다는) 약속이 오랜 시간을 거치며 체화하며 사회의 일상 풍경이 된다. 이는 특정 연령대나 일부 지역 사람들에게만 국한된 특별한 경험이 아니다. 전 연령대에서 일어나는 자연스러운 일상이다. 실제로 새벽 5시에 일어나 손주에게 읽어줄 동화책을 구하기 위해 당근마켓을 검색하는 60대 남성, 임영웅 콘서트를 보려고 티빙TVING 회원으로 가입하는 70대 여성이 늘어나고 있다.

이처럼 일상 시간표는 자유로이 변화해도 하루의 감각은 그렇지 않다. '자정에서 자정까지'로 이뤄진 하루 개념은 달라지지 않기에 우리는 보통 밤엔 자고 낮엔 활동한다. 끼니는 여전히 세 끼를 기준으로 하고 주중과 주말을 확연히 구분한다. 아직 텔레포트(순간이동)를 개발하지 못한 탓에 출퇴근길 대중교통의 혼잡함도 이어지고 있다. 바뀐 것은 시간에 고정되어 있던 일상 행위와 시간 권력을 휘두르는 주체다.

중세 시대 모습을 고스란히 간직한 유럽 마을을 여행하다 보면 정각마다 묵직한 종소리가 울려 퍼진다. 중세 시대의 도시 중앙에는 종탑이나 시계탑이 있었다. 당시 사람들은 처음 울리는 종소리를 들으며 눈을 뜨고 마지막으로 울리는 종소리를 들으며 하루를 마감했다. 그 시절 종소리는 모두가 같은 시간을 살고 있음을 또렷하게 알려주었다.

종소리는 시간의 주인이 누구인지 교묘하게 암시하는 수단이다. 놀이를 멈추고 서둘러 책상 앞에 앉게 하는 학교 종소리, 열차 출발을 알리는 기적은 모두 소리로 시간의 주권을 행사한다. 지금 우리는 종탑과 시계탑 종소리를 들으며 모두 똑같이 잠에서 깨지 않지만, 각자의 스마트폰에 설정한 다양한 알람 소리에 맞춰 저마다 아침을 시작한다. 시간의 주인이 바뀌었다.

우리가 경험하는 크고 작은 변화 중에서도 가장 큰 변화는 코로나-19가 초래한 '시간 혁신'이다. 이는 새로운 약속을 가능하게 만든 기술과 행동의 기반인 의식이 모두 진화한 덕에 가능해진 일이다. 우선 생산성의 혁신으로 야근이 줄었다. 의식이 변하면서 회식도 줄어들었다. 여기에다 이커머스의 발전으로 장을 보러 마트에 부랴부랴 가지 않게 되었다. 기술 발전과 이동 제약으로 가장 많이 늘어난 건 시간이다. 그렇게 늘어난 시간의 쓰임과 배분을 결정하는 주체가 관성에서 자성으로 변화하면서 시간 혁신을 이끌었다.

한편 개인의 권리와 자기 결정권이 선명한 시대가 만들어낸 일상의 가장 큰 변화는 '내가 내 일상의 주인이 되는 것'이다. 이는 당연한 얘기로 들리겠지만 지금껏 당연하지 않던 이야기다. 농업혁명 이후 일상을 결정한 것은 '자연'의 흐름이었고, 산업혁명 뒤 '9 to 6'라는 일상을 규격화한 것은 '조직'의 생산성이었다. 자연과 조직의 구속에서 벗어나 조금은 더 자유로워진 오늘날, 개인은 그 어느 때보다 주체적으로 자기 일상을 선택할 수 있다. 더 이상 대형 마트 영업시간은 중요하지 않다. 인기 예능임에도 본방 시간을 모르는 사람이 많고 저마다 출퇴근 시간이 다르다. 한마디로 지금은 '사회가 규정한 시간표'에 얽매이지 않아도 상관없는 시대다. 그래서 사람들은 자동화와 비대면이 선사한 여유 시간을 어떻게 꾸릴 것인가에 답하기 위해 자기 자신에게 질문을 던지고 있다.

이제 일상의 기준점은 일출과 일몰 시간에 따라 조직이 정한 시간표가 아니라 '개인'이다. 하루 시간표를 규정하는 기준은 자연도 조직도 아닌 바로 '개인의 가치관'이다. 더 이상 저 멀리서 들려오는 종소리에 귀 기울이지 않아도 된다.

언제 어디서든 원하는 걸 구매한다

기술 발전으로 생산 전문성이 높아지고 소비 영역이 다양해지면서 우리는 우리가 원하는 상품을 구매할 수 있게 되었다. 경제력만 있으면 원하는 제품 중 가장 질 좋은 것을 언제 어디서든 살 수 있다. 일상의 모든 시간이 소비의 접점이다. 일상이 소비와 완전히 동기화했다. 소비 시간 제약은 사라졌고, 소비 빈도는 증가했으며, 소비 영역은 확장되었다. 우리는 언제 어디서든 더 많이, 더 다양한 것을 산다.

소비가 지금보다 더 또렷하게 일상을 반영한 적은 없었다. 여기에다 폭발적으로 증가한 광고로 소비 자극까지 늘어났다. 미국 마케팅 조사회사 레드 크로 마케팅Red Crow Marketing에 따르면 한 사람이 하루에 보는 광고가 1970년에는 1인당 평균 500~1,600개였으나, 2017년에는 4,000~1만 개였다. 유튜브와 페이스북의 광고 수익, 콘텐츠에 담긴 유료 광고, 인플루언서들의 스폰서 활동이나 간접 광고를 고려하면 2023년 현재 우리가 마주하는 광고와 소비 자극 개수는 헤아리기 어려울 정도다. 특히 소셜 미디어 피드의 상업성이 갈수록 짙어져, 게시한 콘텐츠를 클릭해 구매까지 이어지는 데 1분도 채 걸리지 않는다.

언제 어디서든 각자의 수요에 최적화한 퀄리티의 상품과 서비스로 소비 욕구를 해소할 수 있기에 일상 시간표는 소비 시간표와 동기화한다. 그리고 그 소비 데이터에 담긴 일상 '소비 시간대'

기록은 우리 사회의 새로운 합의이자 질서다. 이를테면 신한카드 데이터에 기반한 대한민국 소비 시간표 변화에는 달라진 일상이 드러내는 새로운 합의가 선명히 나타난다.

사람들이 '자신이 시간의 주인'이라고 느끼는 시간은 언제일까? 그들은 그 시간을 무엇으로 채우고 있을까? 소비가 일상과 동기화한 오늘날 '사람들이 무엇을 하는가'의 답은 사람들이 돈을 어디에 쓰는지로 찾을 수 있다. 그러면 오늘날 일상에서 새롭게 주목받는 소비 시간대는 언제이고 상황은 어떠한지, 여전히 해소하지 못한 일상 속 불편함은 무엇인지 고민하면서 일상 시간표를 확인해보자. 그 변화가 드러내는 요구 속에서 우리는 아직 발견하지 못한 비즈니스 기회를 포착할 수 있을 것이다.

돈을 쓰는 시간이 달라지고 있다

다음 그래프는 우리의 주중 소비 시간대와 코로나-19 이후의 소비 시간대 변화를 한눈에 보여준다. 우리의 소비는 5시를 기점으로 증가하기 시작해 12시에 피크를 찍고 18시를 기점으로 서서히 감소한다. 흔히 점심시간을 대표하는 12시에 소비가 가장 많고 저녁 시간을 대표하는 18시가 그 뒤를 잇는다. 그러면 코로나-19를 기점으로 할 경우, 우리는 어떤 시간대에 더 많이 소비했을까?

소비 시간대별 이용 비중과 증감률

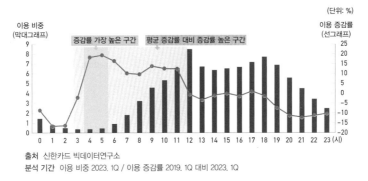

출처 신한카드 빅데이터연구소
분석 기간 이용 비중 2023. 1Q / 이용 증감률 2019. 1Q 대비 2023. 1Q

    2019년 대비 소비가 가장 증가한 시간대는 4시에서 5시로 기존에 주요 소비 시간으로 주목받지 않던 시간이다. 평균증감률 대비 증감률이 높은 소비 시간대는 3시부터 11시까지로 '새벽과 오전' 시간대다. 이는 코로나-19를 기점으로 새벽 시간대 소비가 증가했음을 보여준다. 물론 이 시간대의 절대적인 이용 건수는 여전히 평균 건수보다 적다. 그러나 1~2시처럼 이용 건수가 적은 다른 시간대와 비교했을 때 이 시간대 증감률은 꾸준히 증가하는 중이다. 이러한 사실은 그 시간대를 주목할 충분한 이유가 된다. 여기에다 대한민국 경제인구의 3분의 2를 차지하는 직장인의 소비 시간대도 똑같은 그래프를 그리고 있어서 오전 시간의 중요성에 힘을 실어주고 있다.

    이제 현대인의 일상을 더 구체적으로 분석하기 위해 생활 밀착 업종인 편의점, 외식, 온라인 쇼핑의 소비 시간대를 살펴보자.

생활 밀착 업종의 시간대별 이용 비중

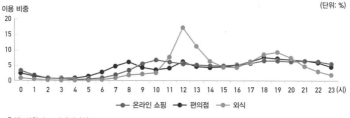

출처 신한카드 빅데이터연구소
분석 기간 2023. 1Q

24시간 문을 열고 식사까지 해결하게 해주는 편의점은 소비 시간대가 전체 소비 비중과 유사한 추이를 보인다. 다만 출근 시간대인 8시에 좀 더 뾰족하게 피크를 보여준다. 외식 업종은 점심시간과 저녁 시간에 뚜렷하게 피크를 드러내는데 점심시간이 저녁 시간보다 훨씬 더 고점에 이른다. 온라인 쇼핑은 7시 이후 전반적으로 고르게 유지되며 출퇴근 시간대에 피크를 이룬다. 전체 소비가 18시 이후 계속 하락하는 것과 달리 온라인 쇼핑은 그 시간을 기점으로 기울기를 유지하다가 23시를 기점으로 감소한다. 이는 소비 공간이 온라인으로 확대되면서 소비자가 매장이 문을 여는 시간에 구애받지 않는다는 것을 보여준다.

여기서 주목해야 할 것은 코로나-19를 기점으로 달라진 소비 시간대 변화다. 2019년 1분기 대비 2023년 1분기 직장인의 생활 밀착 업종의 시간대별 소비 증감률을 보면 우리의 식사, 이동, 쇼핑 시간 변화를 파악할 수 있다.

생활 밀착 업종의 시간대별 이용 증감률

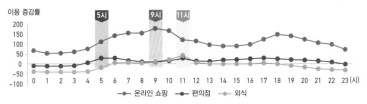

출처 신한카드 빅데이터연구소
분석 기간 2019. 1Q 대비 2023. 1Q

　편의점의 경우 증감률이 가장 높은 시간대는 일반 소비 시간대와 마찬가지로 5시이고 11시가 그 뒤를 잇는다. 이는 전보다 아침을 일찍 시작하는 사람이 늘어나면서 점심식사를 일찍 해결하는 사람이 증가했기 때문이다. 외식 시간 증감률은 11시가 가장 높다. 점심시간의 피크 시간대는 12시지만 높아진 11시 증감률은 앞당겨진 점심시간 변화를 보여주는 타당한 근거다. 반면 19시부터 4시까지의 외식 소비는 평균 10% 이상 감소했다. 비교 시점이 2023년 1분기로 아직 코로나-19에서 완전히 회복한 시기가 아니라는 점을 염두에 두더라도 늦은 밤 외식이 줄어들었음을 확인할 수 있다. 온라인 소비는 전 시간대에 걸쳐 증가했으나 출퇴근 시간 증감률이 평균증감률보다 확실히 높다.

　전체 소비와 생활 밀착 업종의 소비 시간대 비중 그리고 그 증감률이 보여주는 일상 소비의 특징적 변화는 다음 세 가지로 정리할 수 있다. 첫째, 새벽이 중요하다. 둘째, 점심식사 시간이 앞당겨졌다. 셋째, 퇴근 후 잠들기 전까지 꾸준히 소비한다. 따라서 지금껏 우리가 아침·점심·저녁으로 구분해온 삼시를 새벽, 점심 시간, 퇴근 후로 나눠볼 필요가 있다. 이를 바탕으로 우리의 일상과 소비에 나타난 변화를 좀 더 상세히 분석해보자.

성공보다 성장을 위해 투자하는 아침

흥미롭게도 새벽 시간 소비가 꾸준히 증가하고 있다. 전체 소비 증감률은 물론 우리의 일상 활동성을 보여주는 편의점의 소비 증감률도 일상의 시작이 빨라졌음을 보여준다. 그만큼 전보다 일찍 일어나 새벽 시간을 활용하는 사람이 늘어났다. 4년 사이 인류의 DNA에 큰 변화가 생기지 않았고 자전축이 바뀌어 해가 뜨고 지는 시간이 달라진 것도 아닌데 왜 일찍 일어나는 사람이 늘어났을까?

우선 제도적 변화가 수면 시간을 앞당겼을 가능성이 크다. 그 대표적인 것이 주 52시간 근무다. 코로나-19에 따른 회식 감소로 귀가 시간이 앞당겨진 것도 한 요인이다. 실제로 신한카드 데이터에서 2019년 1분기 대비 2023년 1분기 매출이 발생한 주요 외식 업종 가맹점 수를 살펴보면 심야 외식 업종인 단란주점과 유흥주점 수가 10% 이상 감소했다. 이는 양식, 일식, 중식, 일반 대중음식, 커피 전문점 가맹점 수가 증가한 것에 비해 대조적인

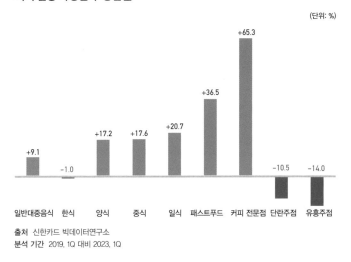

외식 업종 가맹점 수 증감률

(단위: %)

- 일반대중음식 +9.1
- 한식 −1.0
- 양식 +17.2
- 중식 +17.6
- 일식 +20.7
- 패스트푸드 +36.5
- 커피 전문점 +65.3
- 단란주점 −10.5
- 유흥주점 −14.0

출처 신한카드 빅데이터연구소
분석 기간 2019. 1Q 대비 2023. 1Q

변화다. 앞서 살펴본 시간대별 외식 업종 이용 역시 19시부터 감소하면서 저녁 외식이 줄어들었음을 증명한다. 야근과 회식처럼 예기치 못한 저녁 약속이 줄어들자 사람들은 취침과 기상 시간을 더 계획적으로 운용하기 시작했다. 그 결과 이전보다 덜 피로한 아침을 맞는 사람이 늘어났다.

수도권 대중교통을 가동하는 시간은 대개 5시 전후다. 5시는 도시가 공식 작동하는 가장 이른 시간이다. 도시가 작동하는 그 5시 전후로 소비가 늘어나고 있다. 거리로 나온 사람들의 근면을 첫차에서 읽을 수 있다면, 아직 거리로 나오지 않은 사람들의 부지런함은 그들이 소셜 미디어로 공유하는 '인증샷'과 그들의 소비로 확인할 수 있다. 일상을 구성하는 수많은 상징 중 특히 우리가 주목해야 할 것은 인증샷이다. 인증샷은 우리 사회가 공유하는 암묵적 코드다. 전에 없던 이 모든 구도와 장면 인증은 새로운 트렌드 시작을 암시한다.

코로나-19 초기 독특한 구도와 문법의 인증샷이 등장했다. 책이나 컴퓨터 화면 위에 타임스탬프가 찍힌 이미지가 인스타그램을 중심으로 각종 소셜 미디어에 퍼져나간 것이다. 그 타임스탬프 시간은 대체로 5~6시였다. 화려한 배경도 없고 고가 상품도 아닌 '심심한' 사진으로 새벽에 일어났음을 인증하는 사람들이 늘어난 이유는 무엇일까? 이제는 유행을 넘어 하나의 라이프스타일로 자리잡은 '미라클 모닝'이 그 인증의 시작이었다. '미라클 모닝'이라는 소셜 챌린지는 누적 해시태그만 201만 개에 달한다. 부지런한 라이프스타일을 의미하는 #갓생이 21만, 다양한 사람들과 함께 달리는 액티비티인 #러닝크루가 41만(2023년 6월 기준)인 것과 비교해도 엄청난 양이다.

미라클 모닝은 일과 시작 전인 새벽에 일어나 운동, 공부, 독서 등 이른바 자기계발 활동을 하는 것을 의미한다. 특히 할 엘로드가 쓴 《The Miracle Morning》(한국 번역서 《미라클 모닝》, 한빛비즈)이 아마존 종합 베스트셀러 1위를 기록하고, 2016년 한국에서도 베스트셀러가 되면서 '미라클 모닝'이라는 키워드를 국내에 전파하는 데 일조했다.

습관 자산화라는 시대적 흐름을 반영한 습관 형성 플랫폼 챌린저스의 데이터 역시 '미라클 모닝'이 일시적 트렌드가 아닌 주목받는 라이프스타일임을 보여준다. 이는 다이어트, 재테크, 운동 등 건강한 습관을 형성하도록 도와주는 플랫폼이다. 이 앱의 핵심 액티비티는 일정 보증금을 낸 뒤 목표 기간 내에 자신이 설정한 습관을 달성했을 때 보상금을 받는 '습관 재테크 서비스'다. 이 앱에서 공개한 데이터에 따르면 누적 도전자가 가장 많은 챌린지는 '미라클 모닝(아침 기상 챌린지)'[1]이다. 이는 돈을 내고라도 일찍 일어나 하루를 시작하는 습관을 들이고 싶어 하는 사람이 가장 많다는 의미이며, 새벽 시간 기상을 습관화하고자 하는 사람들이 늘어났음을 시사한다.

사실 미라클 모닝 열풍은 새로운 개념이 아니다. 예를 들면 20년 전쯤 사이쇼 히로시가 쓴 《아침형 인간》 같은 수많은 자기계발서에서 강조한 개념이자 자기계발 분야에서 트렌드로 자주 인

미라클 모닝 vs. 출근길 연관어 비교

출처 썸트렌드 비즈
분석 기간 2019. 6.~2023. 5.

용한 현상이다. 그런데 최근의 새벽 시간 강조에는 '성공하는 사람들의 습관'처럼 여겨지는 아침형 인간과는 다른 지점이 있다. 바로 사회적 성공을 이루기 위해 진행하는 게 아니라는 점이다.

소셜 미디어상에서 미라클 모닝의 연관 서술어를 출근길과 비교해보면 미라클 모닝의 특징을 한눈에 파악할 수 있다. 아침에 일찍 일어나야 하는 미라클 모닝은 출근길처럼 피곤하고 힘들고 졸리지만 그래도 분주하고 바쁜 출근길보다 여유롭고, 뿌듯하고, 성장하는 느낌과 행복감을 주는 것으로 나타난다. 미라클 모닝의 지향점이 내적 성장과 내면의 행복이라는 얘기다. 이는 소셜 미디어 데이터뿐 아니라 알람 앱을 사용하는 소비자의 증언에서도 확인할 수 있다. 전 세계 97개국에서 다운로드 1위를 차지한 알람 앱 알라미의 10주년 결과 보고 리포트에 따르면 4~5시 기상 후 평온함과 상쾌함을 느낀다고 답한 이용자가 42.5%에 달했다. 우리는 '스스로 일찍 일어나기로 결심한' 사람들이 느끼는 평온함에 주목해야 한다.

더 구체적으로 이해하기 위해서는 소셜 미디어 데이터를 기반으로 이 시간대에 사람들이 가장 많이 하는 활동을 살펴볼 필요가 있다. 실제로 미라클 모닝의 연관어 활동 1위는 압도적으로 독서이며 운동과 공부가 그 뒤를 잇는다.

'책읽기'까지 고려하면 독서 비중은 압도적이다. 재미있는 사실은 신한카드 데이터에 나타난 이 시간대 온라인 도서 구매 역시 늘어나고 있다는 점이다.

미라클 모닝 연관 활동

(단위: %)

순위	키워드	비중
1	독서	30.4
2	운동	24.6
3	공부	16.7
4	스트레칭	7.3
5	산책	5.0
6	글쓰기	4.1
7	책읽기	3.8
8	걷기	3.2
9	달리기	2.5
10	독서모임	2.4

출처 썸트렌드 비즈
분석 기간 2019. 6.~2023. 5.

일반적인 도서 구매 시간이 아닌 새벽 시간대 도서 구매는 2021년 이후 꾸준히 증가하고 있다. 특히 6시와 7시의 온라인 도서 구매 증감률이 가장 높다. #미라클모닝 소셜 미디어 데이터를 관찰해도 완독 후 새로운 책을 계획하고 구매하는 모습을 함께 인증하는 걸 확인할 수 있다. 새벽 시간을 활용하는 새로운 행위가 새로운 소비 기회로 이어진 것이다.

실제로 코로나-19 이후 재택근무와 회식 감소로 오전 시간의 가능성을 체감한 사람이 늘어나면서 이 시간대의 효용성 '발견'도 증가하고 있다. 일상에서 새벽 기상과 그에 따른 소비 시간 변

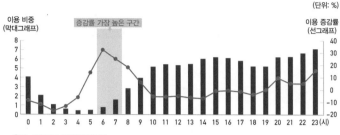

소비 시간대별 온라인 서점 이용 비중과 증감률

(단위: %)

이용 비중
(막대그래프)

증감률 가장 높은 구간

이용 증감률
(선그래프)

출처 신한카드 빅데이터연구소
분석 기간 이용 비중 2023. 1Q / 이용 증감률 2019. 1Q 대비 2023. 1Q

화가 의미하는 것은 앞서 말했듯 일시적인 자기계발 트렌드가 아니다. 이것은 우리의 인식과 사회상 변화에 더 가깝다. 시간의 자기 결정권을 가진 사람들은 시간의 주인을 넘어 일상의 주인이 된다.

새벽 기상은 일상에 주체성이 생겼다는 명확한 표시다. 단순히 아침에 일찍 일어난다는 개념이 아니다. 더 중요한 것은 '일찍'보다 그것을 '스스로 선택했다'는 점이다. 그만큼 누구에게도 방해받지 않는 '나만의 시간', 즉 사적인 시간을 확보할 수 있는 인식, 제도, 기술 환경이 만들어졌다. 야근도 회식도 없는 저녁을 맞이한 사람들은 자신이 원하는 시간에 잠들고 원하는 시간에 일어나, '자신이 선호하는 시간대'를 스스로 선택해 자신만을 위한 시간으로 운용하고 있다.

많은 사람이 기상 목적을 출근과 등교가 아니라 독서, 운동, 공부 등 사적인 활동에 두면서 행복과 충만함을 느끼고 있다. 그들은 자신의 여유와 행복, 성장을 위해 스스로를 적극 돌본다. 그러므로 새벽 기상의 초점은 외부에서 주어진 의무를 수행하기 위함이 아니라, 스스로 설정한 의미를 실현하기 위한 자발성에 맞춰야 한다.

이런 변화는 자연스럽게 그 시간대의 소비 가능성을 확대한다. 미라클 모닝과 출근길에 공통 등장하는 서술어 '주문하다' 역시 이 시간대가 새로운 소비 기회임을 보여준다. 이 시간대 온라인 소비의 주요 채널은 다른 시간대와 마찬가지로 대형 유통몰이지만, 온라인 서점처럼 이 시간에 활동하는 사람들의 정서 패턴에 더 적합한 비즈니스의 경우 훨씬 큰 기회를 노릴 수 있다.

물론 전체 소비 비중에서 오전 시간이 차지하는 비중은 여전히 작다. 그렇지만 소비 관점에서 새벽 시간은 아직 제대로 공략하지 않은 기회의 시간이다. 여기에다 유연근무 활성화, 노동 시간 축소, 회식 감소로 이 시간대의 확장 가능성은 명백하다. 이 시간대를 제대로 공략하려면 다른 시간대가 아닌 새벽 시간대를 자신만의 시간으로 확보하고자 선택한 사람들의 성향과 관심을 이해해야 한다.

개중에는 모두가 잠든 시간에 잠들지 않고 홀로 하루의 끝을 연장하는 사람들이 있다. 반면 모두가 일어나지 않은 시간에 하루의 시작을 앞당겨 하루를 여는 사람들도 있다. 지금 우리가 주목해야 할 사람들은 후자다. 그들은 우연히 얻은 여유 시간이나 틈의 시간을 꾸리는 게 아니라, 자발적으로 하루를 일찍 시작하기로 결정한 사람들이다. 그들은 살림이나 업무, 의무를 시작하기 전의 시간을 의미로 채우고자 한다. 그처럼 어떻게 시작할 것인지 스스로 결정하려 하는 사람들의 성장과 평온을 도와주는 비즈니스가 지금 충분히 있을까?

이제 우리는 새벽 시간과 새벽에 움직이는 사람들을 공략해야 한다. 가령 '내면의 변화'를 만드는 플랫폼 밑미meet me처럼 새로운 습관을 만들고 싶어 하는 사람들을 연결하고 그들의 습관을 기록하는 플랫폼이 필요하다. 플랫폼 챌린저스나 앱 알라미 사례같이 기존 비즈니스의 커뮤니케이션 방식을 달리하거나 이 시간에 특화한 비즈니스를 강조할 수도 있다. 자기주도적 성장에 관심이 있는 사람들을 공략하는 기존 문법과 전혀 다른 새로운 사업모델을 기획하는 것도 가능하다.

지금까지는 선택지가 독서와 운동, 공부 등으로 한정되어 있었으나 성장을 위한 선택지가 더 생겨난다면 '자기 성장' 시간을 보내고 싶어 하는 사람들의 열렬한 선택을 받을 것이다. 다른 어떤 이들보다 자기 성장을 적극 추구하는 이들은 그런 서비스를 기꺼이 누릴 준비를 갖추고 있다. 그러므로 모두가 잠든 시간에 일어나는 사람들이 새로운 일을 경험하도록 그 선택지를 어떻게 늘릴 것인지 고민해야 한다.

'뭐 먹지'가 아니라 '뭐 하지'를 고민하는 점심

재밌게도 당신이 먹는 점심식사는 당신의 소속을 말해준다. 초등학생은 급식, 대학생은 학식, 직장인은 사식을 먹는다. 이처럼 점심은 자신의 소속을 보여준다. 아침, 저녁과 달리 점심시간은 소속에 따라 장면에 많은 차이가 있다. 바로 그 점심시간 풍경이 달라지고 있다. 특히 직장인의 점심시간이 빨라지고 풍경도 다양해지고 있다.

우리 사회의 일상을 가장 상징적으로 보여주는 때는 직장인의 점심시간이다. 직장은 다양한 세대가 만나는 소사회로 그곳의 점심시간은 사회 변화를 보여주는 척도다. 그 문화 자체가 신입사원과 관리자 사이에서 발생하는 수많은 에피소드, 즉 갈등, 양보, 조율을 거쳐 합의한 결과물이기 때문이다. 그래서 직장인이 점심을 누구와 먹는지, 언제 먹는지, 무엇을 먹는지는 늘 주목받는다.

점심식사 후 카페에서 아이스 아메리카노를 먹는 것이 주류가 된 시점, 팀끼리 통일한 메뉴를 먹는 대신 혼밥하는 것이 전혀 어색하지 않게 된 시점, 점심시간이 점점 앞당겨진 시점이 누적되면서 지금 우리가 당연시하는 점심시간 문화가 만들어졌다. 직장인의 점심시간 문화를 하나의 키워드로 압축하면 바로 '다양함'이다. 인원도, 메뉴도, 행위도 다양해졌다.

먼저 인원이 달라졌다. 시장조사기관 엠브레인의 조사에 따르면 직장인 10명 중 4명이 점심시간에 혼밥한다.[2] 혼밥의 일상화라 할 수 있다. 이는 코로나-19를 겪으며 혼밥이 자연스러운 점심 문화로 확산한 경향과 관련이 있다. 혼밥이 꼭 식당에서 혼자 먹는 것을 의미하는 건 아니다. 샐러드, 도시락, 샌드위치 등을 사서 사무실 혹은 공원에서 간단하게 먹고 개인 시간을 보내는 것도 혼밥 방식이다.

함께 먹는 인원이 줄어든 만큼 메뉴도 간소해졌다. 간단한 식사나 간식을 뜻하는 '스내킹'이라는 말이 대표적으로 보여주듯 메뉴가 다양해지고 가벼워졌다. 스내킹은 영단어 스낵Snack에 접미사 'ing'를 붙여 만든 말이다. 가볍게 식사한 뒤 점심시간을 개인 시간으로 활용하는 직장인의 풍경을 보여주는 신조어다.

실제로 샐러드 전문점, 샌드위치 전문점, 도시락 매장에서 가볍게 점심을 해결하는 직장인이 늘어나고 있다. 예를 들어 2017년 가맹 사업을 시작한 샐러드 프랜차이즈 샐러디는 6년 만인 2022년 매장 수 300개를 돌파했고, 매출액도 2019년 66억 원에서 2021년 314억 원으로 뛰었다.[3] 이는 점심시간 선호 메뉴로 '건강하고 가벼운' 샐러드가 인기를 끈 결과다.

직장인 점심 문화에서 가장 상징적인 변화는 무엇보다 점심시간이 앞당겨졌다는 점이다. 물론 키오스크 같은 선결제 시스템 활성화도 그 영향을 무시할 수 없으나 저녁 외식 시간이 앞당겨지지 않았음을 고려하면 그 영향력은 미미하다고 볼 수 있다. 직장인은 전보다 빨리, 가볍게, 혼자 점심을 먹는다. 그렇다면 그들의 점심시간을 관찰할 때 중요한 것은 무엇을 먹느냐가 아니라 '무엇을 하느냐'다.

가장 대표적인 점심시간 활동인 네일아트, 피부미용 같은 개인 관리 업종의 소비를 보면 11시 비중이 증가했다. 신한카드 데이터에 따르면 2019년에는 이 시간대 해당 업종 소비 비중의 약 89.2%가 2030세대에게 집중되었고 40대가 7.4%, 50대 이상이 3.3%였다. 하지만 2023년에는 2030세대 비중이 74.2%로 줄어든 대신 40대는 18.5%, 5060세대는 7.4%로 증가했다. 이는 점점 다양한 연령대 직장인이 이 시간을 자신만의 시간으로 인식하고 활용하고 있다는 증거다.

평일 오전 시간의 백화점 이용 고객 증가 데이터도 달라진 활동을 보여주는 단서다. 점심시간 백화점 소비는 일반인뿐 아니라 직장인도 증가했다. 신한카드 데이터를 보면 2023년 평일 11시부터 13시 사이 직장인의 백화점 소비는 2019년보다 증가했다. 백화점에서 점심식사를 하는 사람도 늘었지만 백화점이라는 공간을 새로운 활동 영역으로 인식하는 사람도 증가하고 있다.

이에 맞춰 직장지 근처 백화점 문화센터는 평일 점심 강좌 타깃을 확장하고 있다. 그 타깃은 바로 직장인이다. 이전 문화센터는 직장인의 퇴근길이나 주말을 겨냥했지만 이젠 평일 주중도 적극 공략한다. 여의도 직장인을 공략하는 더현대 서울의 경우 쿠킹클래스, 재테크 공부, 필라테스 등 직장인의 관심사에 따른 다양한 강좌를 개설했는데 해당 클래스는 조기 마감되고 있다.

직장인의 외식, 백화점, 네일아트·피부미용 소비 시간대별 이용 비중

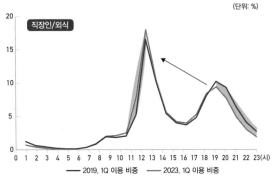

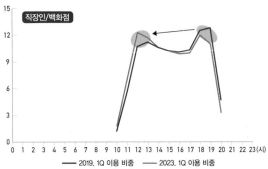

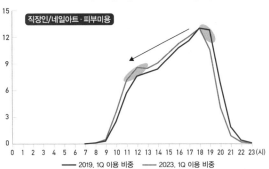

출처 신한카드 빅데이터연구소

백화점의 문화센터 강좌를 듣는 직장인은 가볍게 끼니를 해결한 뒤 그 시간만큼은 직장인의 정체성을 지우고 한 개인으로서 자신이 좋아하는 것에 온전히 집중한다. 이것은 점심시간 문화 변화를 가장 단적으로 보여주는 예다.

강좌 수요는 백화점을 넘어 학원가와 헬스장으로도 향한다. 실제로 파고다어학원은 직장인의 점심시간에 맞춰 점심특별반(점특반)을 운영 중이다. 이들은 짧은 수업 시간 동안 효율성을 높이기 위해 다양한 노하우를 제공하는 한편, 수업 시간도 12시 10분부터 12시 50분까지 40분으로 점심시간에 특화했다. 직장지 피트니스 센터 역시 짬 PT, 틈새 PT, 세미 PT 등 30분에서 50분짜리 수업을 듣도록 점심시간에 최적화한 다양한 프로그램을 제공하는 추세다.

이처럼 빨라진 직장인의 점심식사 시간과 다양해진 활동은 점심시간의 새로운 기회를 보여준다. 그들이 점심시간에 무엇을 '먹는지'도 중요하지만 무엇을 '하는지' 역시 중요하다. 이제 직장인의 점심시간은 무엇이든 할 수 있는 시간이기 때문이다. 점심시간의 방점은 점심이 아닌 '시간'에 있다. 비록 사회적 의무와 집단생활의 '사이' 시간이지만 명백히 개인적으로 쓸 수 있는 자유 시간이기에, 직장인은 그 시간을 철저히 자신만의 방식으로 채워가고 있다.

사람들이 점심시간을 보내는 형태와 조합의 다양화에 주목해 보자. 전통적인 점심시간 활동에는 시작과 끝이 예측 가능한 하나의 프로그램이라는 공통점이 있다. 직장인은 돌아가야 할 시간이 정해져 있기에 러닝 타임이 분명한 프로그램을 선택하는 건 당연한 일이다. 그러니까 직장인은 40분짜리 네일아트, 50분짜리 PT, 40분짜리 영어 수업처럼 프로그램화한 활동을 선택할 수밖에 없다. 결국 점심시간 변화에서 발견할 수 있는 비즈니스 기회는 1인을 겨냥한 프로그램 다양화와 시간 감각 혁신이다. 이를테면 1시간을 블록처럼 쪼개 활용할 줄 아는 사람들의 새로운 시간 감각에 주목해야 한다. 직장인의 점심시간을 공략하는 30분, 40분, 50분짜리 활동과 서비스를 기획하고 고민하는 일은 새로운 활동의 지평을 열어줄 수 있다. 나아가 이것은 새로운 기회를 넘어 새로운 문화로 정착할 수 있다.

점심시간의 소비 변화는 일회성이거나 이례적인 일이 아니다. 이는 직장인의 루틴으로 자리잡은 행동 변화이자 거스를 수 없는 사회 문화적 흐름이다. 점심시간은 근무 시간 중에 당당하게 확보할 수 있는 짧지만 소중한 개인 시간이다. 개인화한 점심시간 활용법을 배운 사람들은 더 이상 그 시간을 직장생활의 연장이나 의무를 수행해야 하는 부담으로 받아들이지 않는다.

우리는 '점심' 시간이 아닌 점심 '시간'이라는 관점에서 소속과 집단의 의무가 강한 직장인의 점심시간에 주목해야 한다. 직장인은 어느 때보다 자기 시간을 갈망하고 있다. 점심시간의 자율성은 현대 직장인에게 시간 선택의 자유를 의미한다. 그들에게 점심시간은 무엇을 먹을 것인지 생각하는 단순한 식사 시간이 아니라 시간을 어떻게 활용할 것인지 생각하는 시간이다.

직장인의 이런 갈망을 조직화합이나 집단행동을 방해하는 원인이라고 판단하는 우를 범하지 말자. 개인의 권리와 자존을 중요하게 여기는 사회에 적극 대응하기 위해서는, 개개인이 자신의 독립성과 자율성을 조율하면서 조직과 시너지를 내는 새로운 방향을 만들어가야 한다.

직장인이 아닌 한 개인으로서 시간을 풍성하게 보내기 위한 11~13시 활동은 아직 많이 등장하지 않았다. 다시 말해 점심시간을 활용한 새로운 활동은 수요는 충분하되 공급은 부족한 상황이다.

자기 시간의 가치를 소중히 여기고 시간 결정권과 시간 주권을 갖고자 하는 직장인은 점심시간을 어떻게 보내고 싶을까? 새로운 비즈니스를 구상하는 이들은 직장인의 업무 중 자유로운 1시간을 어떻게 풍요롭게 채워줄 수 있을까? 대기하지 않고 바로 식사하고 싶어 하는 직장인을 위한 '직장인 점심 예약 앱', 밥을 먹기보다 자기 관리를 하고자 하는 직장인을 위한 '점심시간 자기 관리 서비스', 자신만의 공간을 원하는 직장인을 위한 '공간 비즈니스'를 기획할 수도 있다. 직장인의 점심시간을 면밀하게 들여다보면 그들의 결핍과 수요를 포착할 수 있다.

시간의 한계가 명확하지만 보장된 수요와 확실한 타깃층이 있는 직장인의 점심시간은 기회의 영역이다. 그 기회의 영역을 공략하는 새로운 기획과 발상이 미래 점심 문화를 이끌 것이다.

회식 장소가 아니라 콘텐츠를 찾는 저녁

1995년 주 53시간이던 대한민국 근로 시간은 2023년 현재 40시간으로 바뀌었다. 여전히 OECD 평균보다 주당 3.8시간이 길지만 지난 30년 동안 주당 13시간이 감소했다는 점에 주목하자. 해당 기간에 평균 근무 시간이 OECD는 2.4시간, G7은 1.2시간 감소한 것에 비하면 엄청난 변화다.[4]

근로 시간과 함께 가사노동 시간도 줄어들고 있다. 뒤이은 'PART 2. 시간 재발견'에서 자세히 소개하듯 다양한 가사노동 외주화 서비스, 가전제품 발달, 배달 음식과 밀키트 성장으로 가사노동 시간은 현격히 감소하고 있다.

그렇다면 이렇게 줄어든 시간은 어떻게 채워지고 있을까? 우리의 밤은 어떻게 달라지고 있을까? 밤 풍경은 가족 구성원, 근무 형태, 연령대마다 다르겠지만 의무 시간이 줄고 여가 시간은 늘어났다는 건 확실하다. 취향이나 취미를 중요하게 여기는 사회, 자기계발과 자기 관리처럼 자기를 앞세우는 사회의 맥락은 모두 '여가 시간 확보'를 기반으로 한다. 각종 혁신과 변화는 사람들에게 더 많은 여가 시간을 제공한다. 우리는 주말이 아닌 평일 여가 시간을 어떻게 보내고 있는가?

사실 2018년 7월 주 52시간 근무를 시행하면서 퇴근 후 쉬는 법을 향한 관심이 매우 뜨거워졌다. 당시 관심은 퇴근 후 2교시, 저녁이 있는 삶에 집중되었다. 그러나 심야 활동을 두고 다양한 논의와 변화가 한창이던 그때, 갑자기 찾아온 코로나-19 탓에 우리 사회는 '퇴근 후 야외 일상' 논의를 잠시 유예해야 했다. 지금은 사실상 코로나-19 엔데믹 시대로 일상 구성에서 야간 시간 활용이 다시 중요한 화두로 떠올랐다.

2023년 5월 발표한 서울시의 야간 활동 보고서에 따르면 회식이 감소했다고 응답한 사람은 64.4%에 이른다. 여기서 흥미로운 것은 '야간 활동이 증가했는가'라는 질문에 따른 응답 결과다. 그것은 '증가하지 않았다' 37.6%, '큰 변화가 없다' 32.8%로 나타났는데 이는 코로나-19 이후 실질적 야간 활동이 늘어나지 않았음을 보여준다. 응답자의 68.9%는 야간 활동 활성화 정책이 필요하다고 응답했다.

그러면 사람들은 열망은 있어도 변화를 구체적인 행동으로 드러내지 않는 평일 심야 시간을 어떻게 보내고 있을까? 퇴근 후의 일상은 가족 구성원이나 개인의 성향에 따라 다르게 나타나는 영역이다. 그렇지만 소셜 미디어 데이터상에서 2019년 대비 2023년 '퇴근 후' 연관어 상황과 행위 키워드로 거시적인 변화 방향성을 살펴볼 수 있다.

변하지 않은 것은 퇴근 후 일상에서 운동, 취미, 맛집, 게임이 여전히 중요한 활동이라는 점이다. 변한 점은 영화, 회식, 경기, 다이어트가 사라지고 수업, PT, 뮤지컬, 넷플릭스가 등장했다는 것이다. 여기서 '영화'는 영화 그 자체보다 '영화관'을 의미한다.

이러한 키워드 변화는 퇴근 후 일상의 여가 문화를 네 가지로

2019년 퇴근 후 vs. 2023년 퇴근 후 활동 키워드

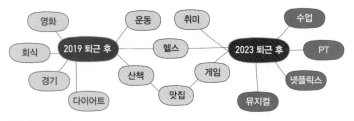

출처 썸트렌드 비즈

압축해서 보여준다. 첫 번째, 퇴근 후 영화관을 찾던 사람들이 넷플릭스를 본다. 두 번째, 회식이 사라지면서 얻은 시간을 취미를 즐기거나 자기계발 수업을 듣는 데 활용한다. 세 번째, 자기 관리의 관심사가 체중 중심 다이어트에서 체력 중심 PT로 바뀌고 있다. 네 번째, 운동 경기보다 뮤지컬 등 문화 예술 공연 수요가 늘고 있다.

세 번째와 네 번째가 취향 변화와 트렌드를 반영해 하던 일을 다르게 하는 것을 보여준다면, 첫 번째와 두 번째는 일상의 행동 양식 변화를 상징하며 안 하던 일을 새롭게 하는 것을 나타낸다. 실제로 구체적인 장소에서만 가능하던 일들이 물리적 방문 없이 자유롭게 일상적으로 이뤄지고 있다. 회식하는 대신 집에서 클래스101 CLASS101+, 프립FRIP, 탈잉 등 취미 플랫폼에 기반해 온라인으로 취미 관련 수업을 듣고 영화관을 찾는 대신 집에서 유료 콘텐츠를 구독하는 것은 불과 10년 전까지만 해도 낯선 풍경이었다. 하지만 이제는 자연스러운 일상이다. 이는 특정 세대뿐 아니라 다양한 세대에게 일어나고 있는 일상 변화다.

이 모든 변화는 신한카드 데이터로도 확인할 수 있다. '생활 밀착 업종의 시간대별 이용 증감률' 그래프에서 살펴보았듯 2019년 대비 2023년의 퇴근 후 외식 이용 건수가 감소한 것으로 보아 아직 퇴근 후 심야 활동이 코로나-19 이전처럼 활성화한 것으로 볼 수는 없다. 그렇지만 퇴근 후 온라인 소비는 꾸준히 늘어나 2023년의 18~23시 온라인 이용 비중은 2019년에 비해 2.1배 증가했다. 퇴근 후 일상 변화에서 핵심은 온라인으로 전보다 '더 많이' 소비한다는 데 있다. 이는 퇴근 후 사람들의 활동과 행동이 활발해진 결과다. 우리는 그 소비가 향하는 곳, 소비가 집중되는 시간과 활동에 주목해야 한다.

퇴근 후의 온라인 소비 중에서 다른 시간대 대비 가장 특징적인 것은 콘텐츠 관련 소비다. 퇴근 시간대부터 넥슨 같은 게임 업체 소비가 늘어나며 특히 22시부터는 네이버웹툰, 카카오페이지, 레진코믹스 등의 웹툰 플랫폼과 웹소설 플랫폼 소비가 급격히 증가한다. 대부분의 시간대별 주요 온라인 소비는 쿠팡, 지마켓 등의 종합 유통 플랫폼 혹은 무신사 같은 대형 버티컬 플랫폼에 집중되어 있다. 그러나 유독 게임과 웹 콘텐츠 플랫폼 이용이 다른 시간대에 비해 유독 두드러지는 시간은 22시 이후다.

누군가는 아침 5시에 일어나 자기주도적 아침을 시작하지만, 누군가는 자발적으로 심야 시간을 확장하고 있다. 하루 중 게임·

웹툰·게임 시간대별 이용 비중

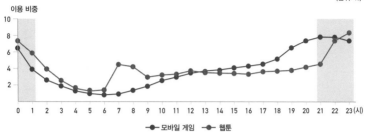

(단위: %)

출처 신한카드 빅데이터연구소
분석 기간 2023. 1Q

웹 콘텐츠에 지출이 가장 많이 발생하는 시간은 23시다. 소비에서 보기 드문 피크타임이다. 이는 자기 전까지 나를 위한 콘텐츠를 소비하려 하는 사람들의 심리를 고스란히 보여주는 데이터다. 웹툰 이용의 피크타임은 플랫폼의 콘텐츠 공개 시간 영향을 반영한 결과지만, 많은 사람이 잠자리에 드는 23시가 소비의 피크타임이라는 것은 오히려 새로운 비즈니스 기회를 보여준다.

소비자 데이터 플랫폼 오픈서베이의 설문조사에 따르면 웹소설·웹툰을 유료 이용하는 비중은 각각 67.6%와 85%다. 웹툰은 3명 중 2명, 웹소설은 5명 중 4명 이상에게 유료 이용 경험이 있을 만큼 이들 콘텐츠 소비는 여가 문화의 주축으로 자리 잡았다. 최근 금융감독원 전자공시시스템과 업계에 따르면 2022년 네이버 콘텐츠 부문 매출 1조 2,615억 원 중 웹툰·웹소설 매출은 무려 1조 664억 원을 차지한다. 2021년 4,917억 원 대비 116.9%나 성

장한 수치다. 2022년 MBC 매출이 8,602억 원임을 고려하면 웹툰
과 웹소설 소비 규모가 지상파 방송 매출에 버금간다는 것을 알
수 있다. 그만큼 이것은 소수의 취미가 아니라 국민적 콘텐츠 소
비 방식이다.

2019년까지만 해도 웹툰과 게임의 주요 소비 연령대는 2030세
대였다. 하지만 신한카드 데이터를 보면 4050세대의 소비도 15%
이상 증가하고 있음을 확인할 수 있다.

디지털 콘텐츠 소비는 특정 연령대에 국한된 게 아니라 전 연
령대로 확장하는 추세다. 2022년 6월 시행한 신한카드의 설문조
사에서 취미 생활이 무엇인지 묻자 응답자의 50% 이상이 '콘텐
츠 시청'이라고 답했다. 활동이 한정적인 평일 저녁 시간 취미로
국한하면 더욱더 콘텐츠 소비로 좁혀질 수 있다. 지금 대한민국
을 대표하는 취미가 무엇인지 묻는다면 아마 콘텐츠 소비가 답

웹툰·게임 이용자 연령대 구성 변화

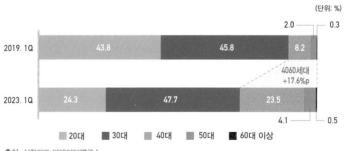

출처 신한카드 빅데이터연구소

일 것이다.

퇴근 후 집안일과 각종 업무를 끝낸 사람들은 저마다 스크린을 마주한다. 그때 스크린에 올라온 것이 그 사람의 취향이자 취미다. 누군가는 TV 스크린 앞에 앉아 넷플릭스를 시청하고 누군가는 태블릿으로 이북eBook을 읽는다. 또 누군가는 PC로 게임을 하고 누군가는 스마트폰으로 웹소설을 읽는다. 자신의 공간에서 저마다 스크린에 올린 것을 '콘텐츠'라 부른다면 콘텐츠 소비는 먹고, 일하고, 자는 것에 버금가는 우리의 일상이다.

장 앙텔므 브리야 사바랭은《미식 예찬》에서 "당신이 무엇을 먹었는지 말해달라. 그러면 당신이 어떤 사람인지 알려주겠다"라고 했다. 마찬가지로 당신이 보는 콘텐츠가 곧 당신이다. 신한카드 데이터에 따르면 2023년 1분기의 주요 OTT 결제 이용은 2020년 1분기에 비해 모두 증가했다. 유튜브 프리미엄 등장 이후 유튜브 프리미엄과 넷플릭스를 결합해서 이용하는 고객 비중 역시 늘어났다.

콘텐츠 소비 증가는 일상의 소비 지출 구성 변화와 맥락을 같이한다. 통계청에 따르면 2023년 1분기 소비자의 소비 지출 구성비 중 성장세가 가장 두드러진 것은 오락·문화다. 여기에는 코로나-19에 따른 보복 소비도 한몫했지만 사실 이것은 지금껏 살펴본 것처럼 새로운 일상 패턴을 반영한 결과다.

콘텐츠 소비의 특징은 습관이다. 이를 증명하듯 콘텐츠 플랫폼들이 주력하는 것 중 하나는 소비자의 소비 습관 형성이다. 모

OTT 이용 증가율

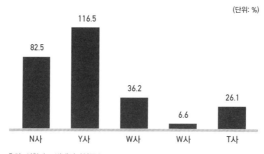

(단위: %)

N사	82.5
Y사	116.5
W사	36.2
W사	6.6
T사	26.1

출처 신한카드 빅데이터연구소
분석 기간 2020. 1Q 대비 2023. 1Q

OTT 단독 이용과 결합 이용 변화

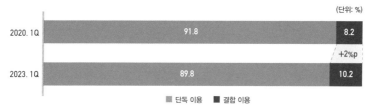

(단위: %)

	단독 이용	결합 이용
2020. 1Q	91.8	8.2
		+2%p
2023. 1Q	89.8	10.2

■ 단독 이용 ■ 결합 이용

출처 신한카드 빅데이터연구소

바일 게임은 대부분 '출석 체크' 기능으로 매일 방문할 경우 새로운 보상을 제공한다. 웹툰·웹소설 같은 웹 콘텐츠 플랫폼은 매일 같은 시간에 새로운 콘텐츠를 업로드해 주기적인 방문을 유도한다. 꾸준한 방문에 예측이 가능한 보상이 따를 때 우리는 자연스럽게 습관을 들인다. 코로나-19 시절 사람들이 학습한 '쉬는 법'은 매일 밤 콘텐츠를 소비하는 것이다.

여전히 대부분의 소비는 생활과 주거에서 발생한다. 그러나 문화 수요의 증가에 대한 열망은 상당하다. 2022년 6월 신한카드가 실시한 설문조사의 응답자들은 향후 영화, 전시, 관람 등의 문화 수요를 늘릴 것으로 대답했다. 비록 코로나-19의 영향으로 온라인 콘텐츠 시청이 생활 습관으로 자리 잡았으나 우리가 새로운 문화 활동으로 평일 퇴근 후에 '노는 법'을 새로이 습득한다면, 잠들기 전까지 지속하던 문화 활동은 언제든 오프라인으로 이어질 수 있다.

OECD 평균 근로 시간에 도달하려면 아직 우리에게는 평일 3.8시간의, G7 기준으로는 5시간의 가능성이 존재한다. 그 시간을 사람들이 어떤 방식으로 채워갈지는 아직 정해지지 않았다. 퇴근 후는 언제나 소비 행태와 라이프스타일 변화를 포착하기에 가장 적합한 시간대였다. 그런데 이제 그 시간대의 맥락이 변화했다. 시간을 대하는 사람들의 태도가 달라졌기 때문이다. 자발적으로 시작하는 아침, 자율적으로 선택하는 점심처럼 퇴근 후 시간도 맥락이 달라지고 있다. 퇴근 후는 모두가 일을 끝마친 시간, 의무의 자아에서 개인의 자아로 전환하는 시간이다. 앞으로 더 많은 사람이 '탐색의 밤'을 보낼 것이다. 탐색 대상은 바로 '나'다. 사람들은 자신이 무엇을 좋아하는지에 귀를 기울이고 그것을 지속할 습관을 기르면서 재충전하고 환기하고 나아가 영감의 시간을 보내고자 한다.

퇴근 후 영화관에 가는 습관, 회식 후 노래방에 가는 습관은 점차 사라지고 있다. 대신 사람들은 퇴근 후 운동하는 습관, 잠들기 전 콘텐츠를 보는 습관에 익숙해졌다. 이제는 퇴근 후 노는 법을 생각해보자. 자신이 좋아하는 것을 즐기는 사람들의 소비 피크 타임을 공략할 비즈니스 전략을 고민해보자.

개인의 틈새 시간을 공략하라

우리는 흔히 시간을 아침, 점심, 저녁 이 세 가지로 구분한다. 이것은 여전히 유효하고 또 익숙하지만 우리는 현대인의 일상을 '지하철, 일, 잠'으로 묘사한 프랑스 시인 피에르 베아른의 통찰에 공감하지 않을 수 없다. 의무와 본능에 얽매여 사는 산업혁명 이후 도시인의 상과 지금 우리의 상은 얼마나 달라졌을까? 70년이 지난 오늘도 우리는 지하철, 직장, 잠이라는 굴레를 벗어날 수 없는 듯 보인다. 그렇지만 우리의 상황 속 행위는 조금씩 달라졌다.

지하철에 앉아 무신사(패션 쇼핑 플랫폼)에서 주말에 입을 티셔츠를 주문하고, 근무 중에는 회사 화장실에서 아침에 다 쓴 크리넥스 휴지를 쿠팡에 주문한다. 점심시간엔 회사 근처에서 수업을 듣고, 퇴근길엔 모바일 게임을 하며 현질(현금을 지르는 행위)로 스트레스를 해소한다. 그리고 잠들기 전까지 웹툰을 보기 위해 '쿠키'를 산다. 오늘날 우리 일상에 마디를 만드는 삼시는 지하철, 일, 잠이라는 굴레에 한정되지 않는다. 여기에는 새로운 틈이 생겼다. 개인의 틈새가 기업의 기회다.

아침, 점심, 심야의 변화는 독립 변수가 아니라 서로 영향을 주는 종속 변수다. 공동 의무에서 벗어난 심야의 변화가 아침의 변화를 불러오고, 빨라진 아침이 빨라진 점심을 유도한다. 그 결과 점심시간에 사적 업무 해결이 가능하다. 불필요한 회식이 줄어들면서 퇴근 후에 좀 더 생산적이고 의미 있는 활동도 계획할 수 있다. 이렇게 시간대의 주요 활동이 유기적으로 연결되어 있음을 이해하면 새로운 변화 기미가 보일 때 다른 시간대가 어떤 방향으로 변화할지 예측할 수 있다.

새롭게 부상한 시간이 공통적으로 강조하는 것은 '개인 시간 확보'와 '시간 주권'이다. 새벽 시간 발견은 스스로 부여한 의미를 소중히 여기는 사람들의 주목을 받는다. 앞당겨진 점심시간은 조직 생활을 하면서도 개인 시간을 꼭 확보하고자 하는 의지가 만든 변화다. 자정까지 이어지는 콘텐츠 소비는 소비 시간과 영역에 한계가 없음을 보여준다. 이 모든 것은 자기 의지에 따른 필요와 수요에서 발생한 온전히 나를 위한 시간이다. 사람들은 스스로 시간 주권을 행사할 수 있는 권리를 그 어느 때보다 소중히 여기고 있다.

이제 사람들은 일상에서 '나만을 위한 시간'을 적극 활용하는 새로운 패턴을 학습하고 있다. 그러므로 우리 일상을 구성하는 중요한 세 가지 축인 시간, 소비, 개인을 이해하는 관점 변화가 필요하다.

틈새 시간을 위한 프로그램을 기획하라

사람들은 새벽 시간, 점심시간, 심야 시간에 상관없이 틈새 시간을 만들어 내고 있다. 그 틈새 시간은 통근 시간 같은 이동 중 자투리 시간이 아니라 집중해서 즐기는 정주행 시간이다. 6시도, 11시도, 23시도 소비의 새로운 피크타임일 수 있다. 주중 소비 시간 변화는 우리 일상이 더 이상 고정적인 소비 시간 피크와 패턴에 묶여 있지 않다는 것을 보여준다.

사람들은 언제 어디서든 자신만의 틈을 내 소비할 준비를 갖추고 있다. 단, 그 틈새 시간은 기존 일상과 다른 활용 양식을 보인다. 간단히 말하면 러닝타임이 존재해 시간 예측이 가능한 활동을 더 선호한다. 이 시간대에 인기 있는 활동은 웹툰, 게임, 수업처럼 시작과 끝이 명확하게 존재하는 활동이다. 제한적인 틈새 시간이라 시간 제어와 조절이 가능한 활동을 선호하는 건 자연스러운 현상이다.

만약 틈새 시간을 공략하는 비즈니스를 구상한다면 구체적인 시간 명시, 즉 러닝타임이 명확한 프로그램을 제안하기 위해 고민해야 한다. '출근 전 30분 독서' '점심시간 30분 PT'처럼 정확한 시간대에 시간 예측이 가능한 프로그램을 만들어야 그 시간을 활용하는 문턱이 낮아진다. 사람들의 틈새 시간을 공략하려면 서비스의 콘텐츠만큼 그 시간대에 최적화한 러닝타임을 깊이 고려해 구체적인 프로그램을 제안해야 한다.

새로운 소비 습관과 소비 동선을 파악하라

일상 변화는 소비자 습관이 변화했음을 의미한다. 예를 들면 아침에 일찍 일어나는 습관, 점심시간에 운동하는 습관, 자기 전에 웹소설을 읽는 습관이 새로 생겨났다. 그러한 습관 변화를 이해하면 소비자의 일상 동선에 맞춰 새로운 습관에 최적화한 소비를 기획하거나 새로운 습관 자체를 제안할 수 있다.

가장 뚜렷한 습관 변화는 일상 동선이 온·오프라인을 자유롭게 넘나들며 그들만의 소비 시간 사이클을 만든다는 점이다. 따라서 오프라인과 온라인의 자유롭고 유기적인 연결 동선을 관찰해야 한다. 새벽 6시에 온라인 독서 모임을 마친 뒤 자연스럽게 온라인 장보기로 넘어갈 수 있다. 잠자기 전 23시에 웹툰을 소비하고 네이버 쇼핑 장바구니에 있던 것을 구매할 수도 있다. 온·오프라인을 넘나드는 새로운 소비 동선을 이해하고 이를 바탕으로 새로운 비즈니스 전략을 고민하는 것은 필수다.

아예 비즈니스 기회를 임대료가 비싼 직장지가 아니라 소비자가 점심시간에 자주 이용하는 '온라인 플랫폼'으로 포지셔닝할 수도 있다. 온·오프라인의 자연스러운 동선을 이해하고 그들에게 새로운 기회를 제안하는 동시에 그것이 새로운 소비 습관이 되도록 학습시켜야 한다.

하루의 정서 패턴을 읽어라

이제는 소비자 상을 바꿔야 한다. 사람들은 직장인이나 세대 같은 기성 범주에 자신을 맞추지 않는다. 오히려 스스로 고유한 스타일을 일구는 '자기 경영자'나 '자아 실현자'로 정의하면서 자기 관리와 성장에 마음을 쏟는다. 그러므로 개인을 물리적 상태의 '혼자'가 아니라 주체적이고 능동적인

'자아'로 봐야 한다. 자아의 고유한 개성을 중시하는 그들은, 제품의 만족 척도를 제품 성능이 아니라 자기 성장에서 찾는다.

주체성을 지닌 자아는 사회가 시키는 일이 아니라 자신이 원하는 것에 귀를 기울인다. 실제로 셀프 브랜딩이나 퍼스널 브랜딩처럼 목적 지향적 행위가 아니어도 끊임없이 자기 내면과 외면 성장에 관심을 보이는 사람이 늘어나고 있다.

사람들을 소비자가 아닌 자아로 바라보면 그들의 니즈를 파악하기 위한 방식과 관점이 달라진다. 그들이 속한 라이프 스테이지를 넘어서야 한다. 그들은 하루에도 수시로 자신의 정서 패턴에 따라 성장, 관리, 보상을 원하는 사람으로 바뀔 수 있다. 성장을 원하는 새벽, 관리를 원하는 점심, 보상을 원하는 심야처럼 현대인의 일상 속 정서 패턴을 이해하고 그 패턴에 맞는 비즈니스를 기획할 수 있어야 한다.

소비에서 고려할 사항은 더 이상 성능이나 가격이 아니라 제품과 서비스가 제공할 '정서 퀄리티'다. 어떻게 그들의 성장과 함께할지, 어떤 관리로 그들에게 더 나은 삶을 제안할지, 어떤 보상으로 건설적 습관을 형성할지가 고민의 주요 골자여야 한다. 그것이 변화하는 일상에서 점점 더 중요해지는 요소이기 때문이다.

일상 시간 재구성은 한 사람의 의지로만 가능한 게 아니다. 회식이 사라진 저녁, 유연근무, 혼밥의 일상화 같은 사회·조직·개인의 문화와 환경 변화가 없으면 불가능한 일이다.

시간, 소비, 개인을 축으로 살펴본 주중의 일상 변화는 유행이나 단발성

트렌드가 아니라 우리 사회가 향하고 있는 거시적 흐름이다. 고정적이던 사회 시간표를 자신만의 관점으로 재구성하고 유한한 시간을 유연하게 운용하는 힘은 기술, 조직, 개인의 발전과 합의가 일궈낸 사회의식 변화로 개척한 혁신이다.

지금 우리는 그 어느 때보다 내 시간을 중요시하는 시대를 살고 있다. 그렇기에 자신을 위한 시간을 내는 것을 더 이상 주말로 유예하지 않는다. 사람들은 평일에든 주중에든 기꺼이 틈을 내 그 시간을 자신을 위해 쓴다. 물론 그 시간은 한계가 뚜렷하지만 이를 극복하고 싶어 하는 열망은 충분하다. 그 한계를 극복하면 남이 아니라 내가 일상의 주인이 되기 때문이다. 아침 명상, 점심 운동, 자기 전 웹툰처럼 우리는 틈새 시간을 만들고 자신을 돌보기 위한 소비와 시공을 뛰어넘는 소비로 작은 기쁨을 확보하면서 점차 일상의 주인이 되어가고 있다.

그런데 일상의 주인이 된 사람들이 주중을 풍성하게 꾸릴 선택지는 아직 충분치 않다. 바로 여기에 비즈니스 기회가 있다. 새로운 틈새 시간을 의미 있게 채워줄 비즈니스가 더 많이 탄생해야 한다. 변화한 일상을 정확히 이해하고 이를 뒷받침할 기획을 고민한다면 새로운 일상을 영위하고자 하는 사람들과 함께 성장하는 비즈니스가 될 것이다.

변화는 우리의 일상이다. 그 변화를 뚜렷이 인식하고 시대가 요구하는 새로운 수요에 적절히 대응해야 한다. 일상의 주인이 된 사람들이 '시간을 쓰고 싶어 하는 방식'에 새로운 기회가 있다.

PART 2

시간 재발견

가격 대비
성능을 넘어
시간 대비
효과를 생각한다

성공하는 서비스는 시간을 창조한다

인터넷과 세탁기 중 무엇이 세상을 더 많이 바꿨을까? 경제학자 장하준 교수는 그의 저서 《그들이 말하지 않는 23가지》에서 인터넷보다 세탁기가 우리 삶을 더 많이 바꿨다고 언급했다. 그 이유는 세탁기가 안겨준 시간의 자유에 있다.

1940년대 중반 미국 농촌전력화사업청의 조사 결과에 따르면 전기세탁기와 다리미가 등장한 이후 빨래 17킬로그램을 세탁하는 시간이 4시간에서 41분으로, 이를 다림질하는 시간은 4시간 반에서 1시간 45분으로 줄어들었다. 세탁 시간 감소로 가사노동에서 해방된 여성들의 사회 활동은 기하급수적으로 증가했고 교육 수준도 함께 높아지면서 본격적으로 현대 사회 변혁이 일어났다. 세탁기는 여성에게 단순한 노동 편의를 넘어 시간을 제공했다. 그리고 그 시간의 자유는 여성에게 선택 폭을 넓혀주면서 잠재 가능성을 무한대로 펼치도록 해주었다.

이렇듯 기술 발전은 인간이 자기 시간을 획득해가는 과정이다. 시간이 선사하는 여유, 자유, 기회를 경험한 이들은 온전히 자기 의지로 각자의 시간을 운용하고 싶어 한다. 시간은 예산과 같아서 다른 것을 줄이면 내가 원하는 것을 할 수 있다. 내가 직접 하지 않아도 되는 시간을 찾아내는 것은 그야말로 '시간 창조'다. 일단 시간이 생기면 이를 어떻게 사용할지 정교하게 미래 계획을 세우고 예측하거나 희망할 수 있다.

특히 코로나-19가 초래한 비대면 시대는 시간을 창조하고 예측하는 기술과 서비스를 빠르게 고도화했다. 2023년 현재 우리는 과연 어떤 기술을 기반으로 새로운 삶의 변혁을 맞이하고 있을까?

성공하는 서비스 1. 시간 해방 서비스

노동 시간 해방자, 생성형 AI

블록체인, NFT, 메타버스 등 매년 그해를 뜨겁게 달군 신기술 키워드는 늘 존재했다. 그러나 2023년 키워드인 생성형 AI와 챗GPT ChatGPT는 그 임팩트가 남다르다. 이것은 2022년 11월 말 조용히 론칭한 지 2개월 만에 이용자 수가 1억 명을 돌파했고 이후 다시 두 달 만에 약 16억 명까지 증가했다.

챗GPT의 화제성은 어느 정도일까? 썸트렌드 비즈의 데이터를 통해 주요 소셜 미디어상의 챗GPT 언급량을 과거에 주목받은 신기술 키워드와 비교한 결과 메타버스 대비 1.3배, NFT 대비 1.6배, 블록체인 대비 2배 높게 나타났다. 더구나 챗GPT가 언급량이 가장 높은 피크 지점까지 도달하는 데 걸린 시간은 단 3개월이다. 다른 신기술 키워드가 최소 1년에서 최대 3년까지 걸린 것을 생각하면 굉장히 빠른 속도로 화두에 올랐음을 알 수 있다.

사실 기존 신기술 키워드는 특정 세대나 집단을 중심으로 퍼져나갔다. 반면 온라인 커뮤니티를 중심으로 그 가치가 퍼져간 챗GPT는 폭넓은 계층에서 사용 후기를 남기며 지금의 챗GPT 담론을 만들었다. 기업뿐 아니라 일반인이 직접 효용성을 입증하면서 단기간에 유료 모델까지 흥행하는 흐름으로 이어진 것이다. 지금 우리는 과거 인터넷, 스마트폰 등장만큼이나 혁신적인 순간을 다시 경험하는 중이다.

챗GPT가 이토록 빨리 우리 삶에 깊이 들어온 이유는 무엇일까? 바로 챗GPT가 우리 일상의 가장 큰 축을 차지하는 노동 시간을 대폭 줄여준 서비스이기 때문이다. 챗GPT 효과를 분석한 MIT 경제학과 샤케드 노이와 휘트니 장의 연구에 따르면 일반 직장인의 사무 업무에 챗GPT를 활용한 결과, 문서 작업 시간이 평균 30분에서 17분으로 거의 절반까지 감소했다. 작업 품질 또한 평가 점수 7점 만점에 4점에서 4.7점으로 높아졌다. 이들은 일반인도 챗GPT로 작업 시간을 줄이면서 결과물의 품질을 높일 수 있고, 역량이 좋은 사람은 수준을 유지하면서 작업 시간을 크게 줄일 수 있다고 평가했다.[1] 챗GPT가 인간의 업무 생산성을 높여 고정적이던 노동 시간의 자유를 이뤄낸다는 말이다.

대학생과 직장인을 중심으로 주목받는 네이버의 모바일 앱 클로바노트도 AI 기술로 시간 해방을 이뤄낸 사례다. 클로바노트는 녹음한 음성을 텍스트로 변환한 후, 자동으로 핵심 내용을 요약하고 문단별로 소제목까지 생성하는 등 완성형 문서를 만드는 수준까지 발전했다. 이에 대학생들 사이에서는 바쁘다고 핑계

대는 수업 조원들보다 AI가 더 낫다는 말이 나온다.

영어 원어 수업은 어떨까? 우선 클로바노트로 녹음한 내용을 텍스트화하고 영어에 최적화한 노션AI로 내용을 요약한다. 이어 챗GPT에 우리말로 번역하라거나 교재 이미지를 아이폰의 라이브 텍스트로 텍스트화한다. 모든 자료를 챗GPT에 입력하면 수업 비법 노트나 시험 예상 문제를 만들 수 있다. 이처럼 생성형 AI를 활용한 학습 팁은 인간의 고유 영역으로 여기던 공부도 단순히 내가 열심히 하는 것만으로는 충분치 않음을 깨닫게 한다.

그렇다면 주요 생성형 AI 서비스의 유료 이용 건수는 어떨까? 신한카드 데이터로 그 추이를 살펴본 결과 다소 주춤하던 AI 관련

생성형 AI 서비스 유료 이용 추이

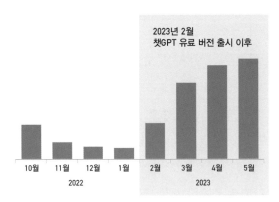

출처 신한카드 빅데이터연구소
분석 기간 2022. 10.~2023. 5.

서비스 이용 건수가 챗GPT 등장 시점부터 큰 폭으로 반등했다.

AI를 경험한 소비자들은 이제 자신의 노동을 대신할 대상에 기꺼이 지갑을 열 준비를 한 것으로 보인다. 그야말로 AI를 활용해 내 노동 시간을 재구성하고 더 가치 있는 일에 집중하는 신新노동자 탄생이다.

가사와 육아 외주화로 활동 시간 확보하기

시간 확보 관점에서 가사노동 외주화 흐름도 아주 빠르게 가속화하고 있다. 지금은 집에서 요리하기보다 배달 음식을 선택하고 직접 세차에서 출장 세차로, 집안일을 직접 하는 것에서 전문가에게 부탁하는 시대로 전환하고 있다. 꼭 내가 하지 않아도 되는 일은 외부에 맡기고 나는 내가 잘하는 일, 하고 싶은 일에 집중해 가치 있는 시간을 충분히 확보하겠다는 의도다.

물론 인류 역사에서 가사를 도와주는 역할은 늘 존재했으나 이는 특정 계층의 전유물이었다. 이제는 '미소' '대리주부' '세탁특공대' 같은 가사 대행 플랫폼이 생기면서 사람들이 본격적으로 외주화 가치를 폭넓게 인지하고 있다. 신한카드 데이터에서 2023년 1분기 흐름을 보면 가사 대행 플랫폼 이용 건수는 2019년 1분기 대비 약 3.5배 성장했다. 1인당 이용 금액도 11만 7,000원에서 23만 2,000원으로 2배 가까이 증가했다.

출시 초기 가사 대행 플랫폼의 주요 이용자층은 생업에 바쁜

1인 가구와 2030세대였다. 그러나 최근에는 5060세대, 특히 초등학생 이상 자녀가 있는 가구까지 확대되고 있다. 이는 나이, 라이프 스테이지, 가족 구성을 불문하고 내 시간을 확보하고 싶어하는 소비자가 점점 늘어나고 있음을 의미한다. 소셜 미디어상에 가사노동이 부담스러울 수 있는 연로하신 부모님을 위해 혹은 친구의 출산 전 축하 선물을 위해, 다양한 방식으로 가사 대행 플랫폼을 활용하는 모습도 나타나고 있다. 플랫폼을 이용해 자신의 주변인에게 좀 더 자유롭고 편하게 지낼 시간을 선물하는 것이다.

국내 주요 가사노동 플랫폼 이용자 구성

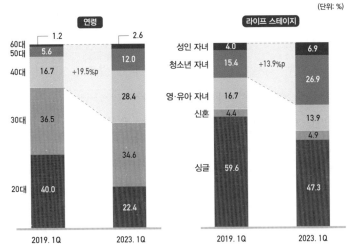

출처 신한카드 빅데이터연구소

2022년 한국고용정보원 조사에 따르면 플랫폼을 매개로 노무를 제공하는 플랫폼 종사자는 2021년(약 66만 명)보다 20.3%(약 13만 4,000명) 증가했다. 이 결과는 소비자의 움직임을 고스란히 반영한다. 그중 가장 큰 규모를 차지하는 배달·배송·운전 직종은 2021년 대비 2.2% 증가한 데 비해, 가사·청소·돌봄 직종 종사자는 1년 사이 약 89.3%나 증가했다.[2] 코로나-19 시기에는 사회적 거리두기 등의 이유로 외부인이 집에 방문하는 걸 꺼렸으나 그런 거부감이 사라지면서 가사노동 외주화 속도는 더 빨라질 것으로 보인다.

가사 대행 플랫폼이 담당하는 범위도 세분화하고 다양해졌다. 가령 분리수거 대행 플랫폼은 음식물, 재활용, 일반 쓰레기를 모두 한 봉투에 담아 내보내면 알아서 정리해준다. 세탁 플랫폼의 세탁 대상도 전에는 집에서 감당하기 어려운 침구류나 드라이클리닝 정도였지만 이제는 일상 속 일반 세탁물까지로 확대되고 있다. 이사 후나 출산 전 짐 정리도 회당 50~100만 원 수준의 정리 컨설턴트를 고용해 부탁할 수 있다.

대기업도 이 흐름에 적극 동참하고 있다. 실제로 삼성전자, SK매직, 코웨이, 교원 등 주요 생활가전 브랜드는 '가전케어' '공간케어' '홈케어닥터' '케어마스터' 같은 이름으로 꼭 해야 하지만 내가 하기 어려운 가사노동 대행 영역까지 비즈니스를 확장했다. 몇몇 기업은 자사가 판매하거나 대여한 가전의 정기 관리는 물론 타사 제품인 에어컨과 주방 후드 등의 청결 관리도 해준다.

이들은 지금 자사 아이덴티티를 단순 생활 '가전' 브랜드에서 생활 '관리' 브랜드로 진화시키는 중이다.

'자란다' '째깍악어' '맘시터' 등 보육 중개 플랫폼 성장도 눈에 띈다. 신한카드 데이터에 따르면 2019년 1분기 대비 2023년 1분기에 고객 수는 7.7배, 이용 금액은 7.8배, 이용 건수는 9.3배 증가한 것으로 나타났다. 기존에는 베이비시터를 주변에서 스스로 물색한 뒤 시간과 급여 등을 직접 협의해야 했다. 더구나 부모는 베이비시터에게 어떤 경험이 있는지, 무엇을 잘하는지 정확히 알지 못한 채 베이비시터가 제시하는 한정적인 정보만 알고 아이를 맡겨야 했다. 보육 중개 플랫폼은 돌봄 선생님의 이력과 후기를 데이터로 만들어 내가 원하는 타입에다 신뢰할 만한 선생님을 원하는 타이밍에 이용하도록 도와준다. 특히 서비스 이용 후 돌봄 선생님이 작성한 활동 후기를 바탕으로 앱에서 아이에게 적합한 선생님과 프로그램을 추천하기 때문에 자녀를 위해서도 의미 있는 보육 시간일 수 있다. 그리고 부모는 잠시나마 육아에서 벗어나 숨을 돌릴 시간을 자연스럽게 확보한다.

가사와 보육 대행 플랫폼을 이용하는 고객은 무엇보다 재이용률이 높다. 가사 대행 플랫폼은 6개월 이내 재결제 고객 비중이 전체 이용 고객의 약 81.6%를, 보육 대행 플랫폼은 55.8%를 차지한다. 이용자의 절반 이상이 반년 내에 다시 같은 서비스를 찾는다는 얘기다. 실제 이용자의 후기를 살펴보면 처음에는 돈 낭비라고 생각했지만 금세 외주의 편리함과 자유에 중독되었다는 고백이 많다. 가사노동과 육아 외주화는 늘 시간 부족을 느끼는 현대인의 삶에서 빛을 발하고 있다. 지갑 사정에는 다소 유해할지라도 시간을 확보해주는 심신 안정제 역할을 하기 때문이다.

온·오프라인 시간 경계를 없애는 퀵커머스

온라인과 오프라인 쇼핑의 경계를 명확히 정의할 수 있을까? 과거 온라인과 오프라인 쇼핑의 가장 큰 차이점은 구매한 물건을 바로 손에 넣느냐 아니냐에 있었다. 온라인 쇼핑을 선택하면 적어도 하루, 길면 며칠을 기다려야 했다. 하지만 하루배송, 새벽배송을 넘어 주문하면 1시간 안에 물건을 배송해주는 퀵커머스 등장으로 온라인과 오프라인의 명확했던 시간 경계선이 사라지고 있다.

현재 국내 퀵커머스의 선두주자는 배달의민족이다. 배달의민족이 2019년 시작한 B마트에서는 식료품을, 2021년 론칭한 배민스토어에서는 지역 내 가전숍·꽃집·뷰티스토어·서점 등 오프라인 매장 제품을 빠르게 배달해준다. 배달의민족에 따르면 두 서비스의 평균 배달 시간은 27~35분이다. 배달비는 평균 3천 원 수준이며 주문이 특정 금액을 넘어가면 무료다. 앱으로 주문하면 이들은 택배비 수준의 비용으로 매장에 다녀오는 것보다 더 빠르게 집 근처에서 구하기 어려운 상품까지 내 손에 들어오게 해준다.

마트 같은 전통 오프라인 장보기 채널도 '홈플러스 즉시배송'

'쓱고우' 등을 론칭하면서 퀵커머스 시장 진입을 선언했다. 신한카드가 온라인과 오프라인 채널을 모두 운영 중인 주요 대형 마트를 대상으로 분석한 결과, 2019년 1분기 전체 마트 이용 건의 약 6.1%에 불과했던 온라인 이용 비중이 2023년 1분기에는 11.6%로 약 5.5%p 상승했다.

이처럼 물류 속도가 이커머스 사업의 핵심 역량으로 부상한 이유는 무엇일까? 그 배경에는 소비자들의 '시간 해방 욕구'가 있다. 매장에 방문해 구매한 뒤 직접 들고 오는 과정을 플랫폼에 위탁하고 시간을 효율적으로 사용하려 하는 생각이 커머스 산업의

국내 주요 퀵커머스 시간대별 이용 비중

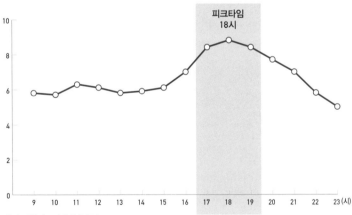

(단위: %)

출처 신한카드 빅데이터연구소
분석 기간 2023. 1Q

속도 경쟁을 끌어낸 것이다.

실제로 퀵커머스 이용 시간대를 살펴보면 피크타임은 늦은 밤 야식 타임도, 오후 간식 시간대도 아닌 '저녁 18시'로 나타난다. 퇴근길에 퀵커머스를 이용해 저녁 장보기를 마치면 나보다 빨리 집에 도착한 재료로 곧바로 저녁식사 준비를 시작할 수 있다. 이는 마트 방문에 필요한 시간을 대폭 줄여주는 한편 오늘 내게 주어진 의무를 최대한 빠르게 마치도록 도와준다.

이처럼 속도의 혁신 덕분에 고정적인 시간에서 해방되는 경험을 한 소비자는 다시 예전으로 돌아가기 어렵다. 일상 시간표를 새로운 서비스와 신기술로 재배치한 소비자도 마찬가지다. 그리고 시간의 가치를 깨닫는 소비자가 점점 많아질수록 커머스 산업에서 속도 경쟁은 더 치열해질 수밖에 없다.

성공하는 서비스 2. 시간 예측, 예약, 예보 서비스

민감해진 시간 감각

지금은 음식을 주문하면 예상 도착시간을 1분 단위로 안내하고 음식이 어디에서 출발해 어느 길로 가고 있는지 실시간 경로까지 알려준다. 택시를 불렀을 때는 어디서 출발해 몇 분 후 도착하는지 알려주기 때문에 나와 거리가 너무 멀면 취소하고 더 빠른 선택지를 다시 찾는다. 우리에게 이것은 당연한 일상이다. 그와 함께 우리의 시간 감각도 기술이 제공하는 정교한 시간 예측 데이터만큼이나 더 민감하고 세밀해지고 있다.

이는 내가 할 일을 계획할 때도 마찬가지다. 이전에는 먼슬리, 위클리, 데일리 등 월·주·일 단위 계획 수준에 그쳤다. 그러나 최근 Z세대의 베스트셀러인 '모트모트 플래너'는 10분 단위 스케줄링을 제안한다. 그 정도로 모든 행동을 촘촘하게 계획하고 실행에 옮기고자 하는 소비자가 많아진 것이다.

그 결과 시간 민감도가 높은 소비자를 사로잡은 예측 서비스가 빠르게 성장 가도를 달리고 있다. 그러면 내가 모든 시간의 관리자가 되도록 시간 예측과 통제 가능성을 제공하고, 불필요한 시간은 줄이는 것을 넘어 아예 없애버린 비즈니스의 성장을 살펴보자.

대기 시간을 없애는 예약 이코노미의 성장

언제 어디서든 모바일로 장소 리뷰나 추천 정보를 얻기가 수월해지면서 음식이 맛있거나 분위기가 이색적인, 소위 핫플레이스에는 으레 사람들이 몰려들고 있다. 특히 코로나-19가 잠잠해지고 외출이 본격화하면서 앱을 이용한 식당 예약과 대기는 어느새 일상이 되었다.

신한카드 데이터를 분석한 결과 최근 3년간 '캐치테이블' 같은 주요 음식점 예약 대행 서비스의 2023년 1분기 이용 건수는 2020년 동기 대비 22배, 2021년 동기 대비 9.7배, 2022년 동기 대비 2.2배로 꾸준한 상승세를 보였다. 모바일인덱스에 따르면 대표적인 줄서기 대행 서비스 '테이블링'의 2023년 1분기 평균 MAU(한 달간 해당 서비스를 사용한 순 이용자 수)는 안드로이드와 iOS 사용자 기준으로 2022년 동기 대비 2.1배 성장해 약 65만에 이른다. 이렇듯 예약과 줄서기 대행 서비스가 성공한 것은 단순히 전화를 대체하는 간편함뿐 아니라 시간 예측 가능성을 다각도로 제공했다는 점에서 의미가 있다.

첫 번째, 내가 원하는 시간과 조건으로 최선의 선택지를 미리 추천받고 계획하는 것이 가능해졌다. 예약 대행 서비스는 개인의 상황에 알맞은 식당을 추천하고 예약 기회를 제공한다. 적절한 시간, 지역, 가격대, 메뉴 추천은 기본이다. 여기에다 '반려동물과 함께' '2차로 가기 좋은' '어른을 모시고' '룸이 있는' '뷰가 좋은' 등 식당 이용자의 콘텍스트에 맞춰 최선의 선택지를 가장 빠르고 효율적으로 찾도록 돕는다.

두 번째, 대기 시간을 조절하고 대응할 수 있도록 '시간 결정권'을 넘겨주었다. 우리는 줄서기 대행 서비스로 방문 전에 원격으로 대기를 시작하거나, 메신저를 이용해 매장 입장 순서를 실시간으로 확인할 수 있다. 덕분에 덥고 추운 날씨에도 힘들게 기다릴 필요 없이 다른 장소에서 내 시간을 보내는 것이 가능하다. 또한 '순서 미루기' 기능으로 내가 대기 순서까지 조정할 수 있다. 이렇게까지 고객을 배려해주는 서비스를 제공받으면 기다리는 시간의 부담감은 자연스럽게 감소한다.

　예약과 대행 서비스 이용자층은 주로 2030세대로 이들이 약 71%를 차지하면서 예약 트렌드를 주도하고 있다. 그런데 흥미롭게도 4050세대 이용이 전년 동기 대비 약 5%p 증가하면서 연령대 확장 움직임이 나타나고 있다. 예약과 원격 줄서기가 대중화할수록 방문객 입장에서는 아날로그 방식으로 매장 앞에 줄을 서는 행동에 그만큼의 가치가 있는지 의문이 들 수밖에 없다.

　실제로 소셜 미디어상에서 원격 줄서기 시스템을 이용하지 않는 인기 팝업 스토어나 노포(대대로 물려 내려온 점포)들의 이용 후기를 살펴보면 길게 줄을 서는 것의 불편함을 적극 표출하는 경우가 꽤 있다. 고생스럽게 줄을 서서 기다린 소비자는 자신이 투자한 시간과 수고만큼 그 공간이 제공하는 음식과 콘텐츠의 퀄리티를 더 엄격하게 평가한다.

　지금은 거리에서 직접 식당을 찾기는커녕 포털과 지도 서비스로 맛집을 찾는 시대를 넘어, 예약 앱을 켜고 내가 처한 상황에 가장 적절한 맛집을 고르는 시대다. 우리는 하루 세 끼를 먹는 것까지 시간 예측을 하고 자신의 계획과 목표에 맞춰 움직이는 완벽한 시간 통제 환경에 접어들고 있다.

초 단위 시간 예측 솔루션, 드라이브스루

코로나-19 팬데믹 때 한국은 세계 최초로 드라이브스루Drive Thru

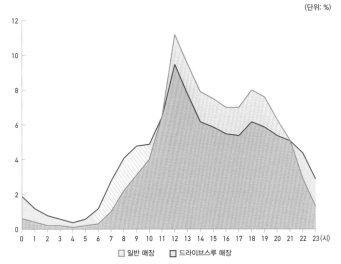

출처 신한카드 빅데이터연구소
분석 기간 2023. 1Q

검사소를 도입했다. 당시 드라이브스루가 지닌 비대면과 신속성의 가치는 다른 무엇보다 크게 주목받았다. 나아가 의료뿐 아니라 도서 대여, 졸업식 등 생활 영역에서 그 가치를 다양하게 활용하기 시작했고 지금도 드라이브스루 매장이 빠른 속도로 증가하고 있다. 신한카드 데이터를 기반으로 맥도날드, 스타벅스, 폴바셋 등 주요 프랜차이즈의 2023년 1분기 드라이브스루 매장 이용 현황을 살펴본 결과 2019년 1분기 대비 매장 이용 건수는 약 18.6%, 이용 금액은 28.2% 증가한 것으로 나타났다.

드라이브스루의 이용 시간을 보면 오전 10시 이전과 20시 이후 심야 시간 이용 비중이 일반 매장 대비 높은 편이다. 특히 교통 체증이 심한 출근 시간대에 고객이 몰리는 바람에 드라이브스루 주변으로 줄이 길게 늘어서는 일도 비일비재하다. 차에서 내리지 않고 더 편하고 빠르게 이용하고자 방문한 드라이브스루가 오히려 시간을 빼앗는 상황이 발생한 것이다.

그러자 드라이브스루에도 미리 주문하고 픽업만 하는 예약 구매가 새로운 솔루션으로 부상했다. 가장 대표적인 국내 사례로 스타벅스코리아의 'DT 패스'를 들 수 있다. 이것은 차량 번호판과 이용 정보를 연결하는데, 도착 전 스타벅스 앱 사이렌오더로 주문하면 추가 절차 없이 픽업 존으로 바로 방문하도록 유도한다.

드라이브스루를 처음 도입한 미국에서도 이 같은 현상은 동일하게 나타난다. 2022년 여름 미국 패스트푸드 브랜드 타코벨이 미네소타에 예약 주문 우선 드라이브스루 매장인 타코벨 디파이 Tacobell Defy를 오픈했다. 이 매장은 2층짜리 대형 건물이지만 식사 공간이 존재하지 않으며 픽업 레인 총 4개 중 3개가 예약 주문 레인이다. 앱에서 원격 주문한 뒤 매장에 도착해 QR 코드를 스캔하면 2층 주방에서 엘리베이터 튜브를 타고 음식이 내려온다. 매장에 진입해 픽업까지 걸리는 시간은 단 2분으로 그야말로 '패스트'푸드라는 이름에 걸맞은 판매 방식이다.

예약과 함께 매장 결제 방식도 언택트와 쾌속화 흐름을 보인다. 신한카드는 2022년 투썸플레이스와 함께 차량 진입만으로 매장에서 결제가 이뤄지는 '번호판 인식 결제 서비스'를, 맥도날드와는 고속도로와 동일한 '하이패스 결제 서비스'를 도입했다. 두 사례 모두 특정 구역을 지나가기만 해도 지불이 가능하도록 설계해 매장에서의 불필요한 접촉과 기다림을 없애준다.

기술을 이용한 시간 예측은 점점 더 정교화하고, 인간은 갈수록 정확해지는 시간 데이터를 삶을 효율화하는 방향으로 사용하고 있다. 드라이브스루를 비롯한 오프라인 매장의 예약과 쾌속화 흐름은 앞으로도 계속되고, 심지어 단 1분을 낭비하는 것도 허락하지 않는 모습으로 진화할 가능성이 크다.

불필요한 재고 찾기는 그만! 똑똑하게 주문하기

예약의 일상화는 먹는 시간뿐 아니라 '사는 시간'에도 그대로 적용된다. 이것은 매장에 필요한 물건이 있는지 일일이 전화하거나 방문할 필요 없이 앱에서 재고를 확인한 뒤, 내가 원하는 시간에 원하는 매장에서 픽업하게 예약하는 방식이다. 이제 더 이상 포켓몬빵이나 원소주를 찾아 오프라인에서 발품을 팔 필요가 없다. 똑똑한 주문, 즉 스마트오더가 탄생했으니 말이다.

최신 잇아이템의 성지인 편의점은 스마트오더를 적극 도입한 업종으로 그 범위는 디저트부터 회까지 다양하다. 2023년 1~5월 신한카드 데이터를 보면 주요 편의점 브랜드에서 앱을 이용한 소비가 2022년 동기 대비 약 152% 증가한 것으로 나타났다.

스마트오더 플랫폼(국내 주요 편의점과 주류 전문 플랫폼) 이용 추이

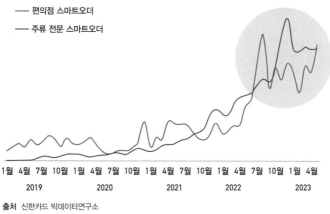

— 편의점 스마트오더
— 주류 전문 스마트오더

1월 4월 7월 10월 1월 4월 7월 10월 1월 4월 7월 10월 1월 4월 7월 10월 1월 4월
2019　　　　2020　　　　2021　　　　2022　　　　2023

출처 신한카드 빅데이터연구소
분석 기간 2019. 1.~2023. 5.

특히 2020년 법 개정으로 주류에도 스마트오더를 일부 허용하면서 평소 볼 수 없는 희귀한 주류를 편의점 앱에서 사전 예약한 후 구매하는 경우가 늘어났다. 소비자가 편의점 매장에서 볼 수 있는 주류 상품은 50가지 정도지만, 편의점 앱에서 판매하는 주류 상품은 수백 가지에 이른다. 위스키 같은 인기 주류는 앱에서 판매를 시작하면 1~2분 만에 완판되는 '온라인 오픈런' 현상까지 불러일으켰다.[3] 2023년 1~5월 신한카드 데이터에서 신한카드 고객들의 편의점 앱 스마트오더의 건당 이용 금액을 살펴보면 일반 오프라인 편의점 매장 대비 약 2.3배 높게 나타난다. 이는 스마트오더로 고가 제품 구매가 활발히 이뤄지고 있음을 시사한다.

편의점뿐 아니라 키햐, 데일리샷, 달리 등 독자적인 주류 전문 스마트오더 플랫폼도 주목받고 있다. 주류 전문 스마트오더 플랫폼은 2019년 론칭 이후 매년 편의점 스마트오더와 비슷한 수준으로 꾸준히 성장하는 중이다.

주류 전문 스마트오더 플랫폼은 편의점처럼 오프라인 매장을 갖추지 않아 주류 판매 면허가 있는 일반 음식점을 가맹점으로 모집한 뒤 픽업 포인트로 활용한다. 이들 가맹점은 물건을 잠시 보관하고 구매자에게 전달하는 것만으로도 이익금을 일부 분배받는다. 소상공인 입장에서 이는 매장 상황에 영향을 주지 않고 부담 없이 부가수익을 창출할 수 있어서 매력적이다.

이처럼 스마트오더는 불필요한 시간 낭비를 원치 않는 소비자, 고객 수요를 미리 파악해 매장 재고를 효율화하고 싶어 하는 판매자, 더 나아가 온라인 플랫폼의 오프라인 거점을 마련해주는 소상공인이 서로 윈윈하는 비즈니스로 성장하고 있다. '예약 경제'의 성장은 판매사, 유통사, 소비자 모두 각자 기회비용을 줄이고자 하는 욕구가 낳은 자연스러운 흐름이다. 예약은 우리에게 일상에서 시간과 자원을 효율적으로 관리하고 사회의 상호작용을 폭넓으면서도 원활하게 조율할 기회를 제공한다.

가성비를 넘어 시성비를 따져보라

일본에서는 해마다 연말이면 올해의 신조어 대상을 발표하는데 2022년에는 '타이파タィパ'가 수상했다. 타이파는 타임 퍼포먼스Time Performance의 약어로 시간 대비 효과, 즉 들인 시간에 비해 얼마나 효과나 메리트가 있는지를 의미한다. 그런데 흥미롭게도 타이파 개념이 등장하기 전까지는 비용 대비 효과를 뜻하는 코스파コスパ(Cost Performance의 약어)를 중요한 가치로 여겼다. 이것은 흔히 말하는 '가성비'다. 이는 소비자의 가치관이 코스파에서 타이파로, 비용에서 시간으로 이동하고 있음을 보여준다.

하물며 OECD 36개국 중 연간 노동 시간이 네 번째로 길고[4] 수면과 여가 시간은 하위권인 대한민국 소비자는 어떠할까? 과거 영국 BBC는 한국을 전 세계에서 가장 피곤한 나라로 소개하기도 했다. 더 열심히, 더 많이 일하고 움직이는 우리에게 스스로 온전한 선택이 가능한 시간은 1분 1초도 소중하다. 그러니 제품과 서비스의 혜택이나 가격만큼 시간의 기회비용 역시 선택 기준으로 고려할 수밖에 없다.

당신의 비즈니스는 고객의 시간을 얼마나 소중히 여기는가? 지금은 소비자의 인식 변화에 맞춰 시간 관점에서 상품과 서비스를 재구성하고 고도화해야 하는 시점이다.

시간의 자유와 가치를 제공하라

인간은 기술을 통해 자신의 시간을 창조할 수 있다. 우리는 생성형 AI, 외주 플랫폼, 퀵커머스를 살펴보며 노동·공부 시간과 가사·육아 시간 그리고 오프라인 쇼핑 시간을 외주화하고 우선순위가 높은 일에 할애할 시간을 충분히 확보하려 하는 소비자의 선택을 확인했다. 각자의 비즈니스가 소비자의 일상에 어떤 시간의 자유를 선사할 수 있는지 고민해보고 이를 상품과 서비스의 핵심 가치로 설정하자. 커뮤니케이션 메시지로 소비자가 새로 획득한 시간을 얼마나 더 가치 있게 사용할 수 있는지 알려주면 보다 효과적이다.

소비자를 고정적인 시간에서 해방하는 서비스는 재이용률이 높아 고객 락인(Lock-in, 고착 혹은 잠금) 효과가 뛰어난 편이다. 일단 시간 창조에 중독되면 되돌리기 어렵다는 사실을 염두에 두고 트라이얼 기회를 넓혀 더 많은 소비자가 비즈니스가 제공하는 시간의 가치를 직접 느끼게 하자.

시간 예측을 돕는 서비스가 성장한다

시간의 스케일이 달라졌다. 지금은 식사, 쇼핑 등 일상의 전 영역에서 예약을 적극 활용해 불필요한 시간 낭비를 없애고 예측이 가능한 삶을 영위하려는 모습이 나타나고 있다. 이처럼 소비자가 스스로 시간 결정권을 갖고자 하는 적극적인 움직임은 시장에 후발주자로 진입하는 신규 업체에 기회 요인일 수 있다. 특히 초기 서비스를 기획할 때부터 경쟁사보다 더 고객에게 완벽한 시간 통제감을 제공하도록 구성해야 한다. 고객이 시간에 민감해졌음을 기억하고 1시간 단위를 넘어 10분, 30분 등 더 촘촘한 단위로 서비스를 이용하도록 먼저 제안해보자.

앞으로 우리 앞에 펼쳐질 신기술과 서비스 발전은 단순히 자동화 수준을 뛰어넘어 그것이 보장하는 추가 시간 크기로 재평가받을 것이다. 신기술과 서비스 진화는 그 목적이 편리함과 효율화 자체가 아니라 이것으로 얻는 새로운 시간을 활용해 유한한 인생을 풍요롭게 보내고자 하는 일임을 기억해야 한다. 하루하루를 어떻게 사용하는가는 인생을 어떻게 살지 결정하는 것과 같다. 자신이 가치 있다고 생각하는 일에 더 많은 시간을 쓰고 싶어 하는 인간의 단순하지만 기본적인 열망을 잘 이해하는 비즈니스가 더욱 빛을 발할 것이다.

공간 재생

요즘 뜨는 지역엔
고유한 옛것과
신선한 새것이 있다

외식 소비 데이터가 알려주는 핫플레이스

우리 일상을 담는 소셜 미디어에 가장 많이 올라오는 장면은 무엇일까? 셀카? 음식? 좋아하는 연예인? 다름 아닌 공간이다. 자주 방문하는 카페, 여행지 풍경, 주말을 보낸 호텔 등 내가 머무는 공간은 나를 표현하는 수단이다. 우리가 방문하는 공간은 개인의 관심사와 정서에 따라 달라진다. 사람들은 단순히 유명한 공간을 방문한 기록을 남길 뿐 아니라 인상 깊은 장소를 활용해 자신을 표현한다. 우리는 '어느 동네 살아요'가 아닌, '어느 동네에서 놀아요'가 나를 더 잘 나타내는 시대에 살고 있다.

우리가 향유하는 공간의 다양화는 신한카드가 보유한 소비 데

서울 내 외지인 외식 이용 순위 변화

		20대	30대	40대	50대	60대
2019	1위	중구	중구	중구	중구	중구
	2위	강남구	강남구	강남구	강남구	강남구
	3위	마포구	서초구	서초구	종로구	종로구

		20대	30대	40대	50대	60대
2023	1위	강남구	강남구	강남구	강남구	강남구
	2위	마포구	NEW 마포구	NEW 종로구	종로구	종로구
	3위	NEW 종로구	NEW 종로구	서초구	NEW 서초구	NEW 서초구

출처 신한카드 빅데이터연구소
분석 기간 2019. 1~12. vs. 2022. 7.~2023. 6.

이터에서도 확인할 수 있다. 하지만 전국 모든 지역의 소비 변화는 매우 광범위해서 한 번에 살펴보기가 어렵다. 이런 이유로 여기서는 서울의 자치구 단위로 해당 구에서 살거나 근무하지 않는 순수 외지인의 외식 이용 건수를 분석했다.

그 결과를 보면 2019년에는 전 연령대에 걸쳐 외지인이 서울 핵심 도심인 중구와 강남구를 가장 많이 방문했다. 그러나 코로나-19 엔데믹을 맞이한 2023년에는 이 순위가 요동치는 모습을 보였다. 먼저 중구는 전 연령 순위권에서 사라졌다. 그리고 20대 지역으로 여겨지던 마포구에 30대, 5060세대 지역이던 종로구에 20대 이용이 더 늘어나는 등 구마다 고정관념처럼 남아 있는 연령대에서 벗어나 더 다양한 지역을 방문하고 있다. 외지인은 단순히 도시 기능의 중심, 교통 요지를 넘어 각자의 이끌림에 따라 시간 보낼 곳을 선택해 그곳에서 외식을 즐기는 것이다.

그러면 코로나-19 이전인 2019년에 비해 외지인의 발걸음이 더 많이 향하는 지역은 어디일까? 소위 2023년 서울의 '뜨는 지역'을 살펴보자. 우선 외지인 중에서도 자녀나 가족이 아닌 온전히 자신의 의사로 외식 행선지를 정할 가능성이 큰 대상을 선정하자. 여기서는 라이프 스테이지를 고려해 싱글과 신혼을 분석 대상으로 정했다.

주로 2030세대에 속하는 이들은 새로운 것에 먼저 반응하고 트렌드를 개척하는 계층이다. 다른 세대들은 이후 이들의 움직임을 따라가는 경향이 있다. 외지인과 특정 계층을 선별 분석하

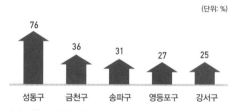

싱글·신혼부부 외지인 외식 이용 증가율

(단위: %)

76 성동구
36 금천구
31 송파구
27 영등포구
25 강서구

출처 신한카드 빅데이터연구소
분석 기간 2019. 1~12. 대비 2022. 7.~2023. 6.

는 것은 일반 상권 데이터 기관에서는 다루기 어려운 영역이지만, 신한카드는 고객의 거주지와 직장지 나아가 일상 소비 데이터를 보유하고 있기에 그러한 접근이 가능하다.

싱글·신혼 외지인의 2019년 대비 외식 이용 증가율이 높은 지역을 분석한 결과 성동구가 76%로 가장 높았고 금천구, 송파구, 영등포가 그 뒤를 이었다. 상위권에 등장한 4개 구의 요일과 시간대별 이용 비중을 상세히 살펴보면 송파구, 성동구, 영등포구는 금요일과 토요일의 이용 비중이 가장 높다. 특히 저녁 시간대에도 외식 활성화 흐름이 보인다. 반면 금천구는 주말 이용 비중이 주중 대비 크게 줄어들고 시간대로는 점심시간 이후 급격하게 감소한다. 각 구에 살거나 근무하지 않는 외지인을 대상으로 분석했지만 금천구는 바로 옆 구로구에 걸쳐 디지털 단지가 넓게 분포하고 있어 이곳 직장인의 영향이 컸을 것으로 예측한다. 따라서 금천구가 2023년 뜨는 지역 순위권에 등장한 것은 여기

요일별(위)·시간대별(아래) 외지인 외식 이용 비중 비교

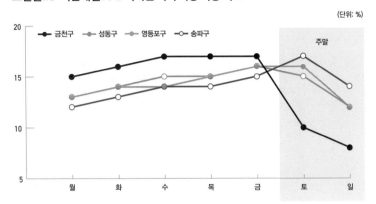

(단위: %)

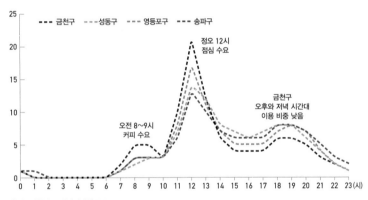

출처 신한카드 빅데이터연구소
분석 기간 2022.7.~2023. 6.

서 다루고자 하는 지역 재생과 관련된 결과로 판단하기 어렵다.

나머지 성동구·송파구·영등포구의 공통점은 코로나-19 팬데믹 와중에도 흔들리지 않고 각 자치구만의 고유한 정체성, 즉 로컬리티를 형성하거나 유지하며 소비자에게 선택받았다는 것이다. 로컬리티는 지역을 차별화하는 소비자의 니즈이자 고유한 문화를 열망하는 2030세대가 공간에서 새로 발굴한 가치다. 그러면 신한카드 데이터를 바탕으로 성동구, 송파구, 영등포구가 어떤 로컬리티를 형성해왔고 이들이 팬데믹을 거치며 더 크게 부흥한 이유가 무엇인지 살펴보자.

성동구, 영감을 주는 新로컬리티

성수동 인근을 중심으로 한 성동구 상권은 명품부터 신생 브랜드까지 모두가 탐내는 지역이다. 코로나-19가 절정에 달한 2020년과 2022년 1분기에도 코로나-19 이전과 외지인 이용 건수의 큰 차이를 보이지 않고 오히려 소폭 상승하는 모습을 보였다. 더구나 거리두기를 해제한 2022년 4월부터는 이용 건수가 대폭 증가했다.

'성동구 외지인 외식 이용 추이' 그래프를 보면 성동구의 성장은 2023년에도 현재진행형이다. 일찌감치 성동구에 자리잡은 무신사와 쏘카에 이어 크래프톤, 젠틀몬스터 등 젊은 기업이 입주를 계획하고 스타트업을 위한 지식산업센터 같은 건물도 여럿 들어서고 있어서 앞으로 외부 유입 인구가 더 늘어날 전망이다. 실제로 전문가들은 '서울에서 앞으로가 더 기대되는 지역'으로 주저하지 않고 성동구를 1순위로 꼽는다.

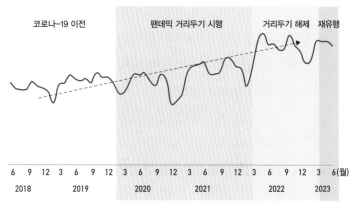

출처 신한카드 빅데이터연구소

    최근 매체에서는 중구 신당동과 용산구를 새롭게 뜨는 지역으로 언급하지만, 외지인 소비 데이터를 살펴보면 성수동을 중심으로 한 성동구의 성장 규모가 지난 5년간 서울에서 가장 압도적이고 꾸준하다.

    다양한 사람과 기업을 끌어당기는 성동구 그리고 그 안에서도 핵심 상권인 성수동의 매력은 무엇일까? 오랜 세월 성수동에서 사업을 해온 언맷피플의 이민수·위태양 대표는 과거 한 인터뷰에서 성수동을 단번에 쉽게 이해할 수 없는 '다층' 지역으로 표현했다. 한마디로 설명하기 어렵고 끊임없이 새로운 발견이 가능한 지역이라는 뜻이다.

    그러다 보니 '한국의 브루클린' '힙타운' 등 성수동에 붙은 별명도 매우 많다. 최근에는 성수동을 '○○성지'로 자주 언급한다. 성지聖地는 종교상 신성시하는 장소를 뜻하지만, 요즘 젊은 세대에게는 어떤 분야에서 최고 권위를 지녀 사람들의 발길이 몰리는 지역을 의미한다. '팝업 스토어 성지' '편집숍 성지' 'K-패션 성지' '플래그십 스토어 성지' '보헤미안 성지' 등 성수동은 다양한 주제의 최고 정수를 맛볼 수 있는 곳이다. 그중에서도 성수동의 고유함, 즉 로컬리티를 가장 잘 알아볼 수 있는 별칭은 '카페 성지'다.

'성수다움'의 정수, 영감을 파는 카페

사실 성수동은 오랫동안 구두, 피혁, 인쇄 등과 관련된 작은 공장과 창고가 모여 있는 공업 지역이었다. 그러다가 2010년대에 문을 닫은 공장 터를 중심으로 카페 공간이 생겨난 게 성수동 재생의 시작점이다. '자그마치' '대림창고' '어니언' 등 성수 1세대 카페로 불리는 곳은 모두 공장을 리모델링한 형태다. 예전에 자그마치는 인쇄 공장, 어니언은 금속 공장, 대림창고는 정비소로 쓰이던 곳이었다. 성수동 카페 문화는 당시 일반적이던 대기업 프랜차이즈 방식의 깨끗하고 획일적인 공간이 아닌, 오래된 공간을 카페 오너가 각자의 방식으로 재생한 공간에서 출발하였다.

태생부터 특별했던 성수동 카페들은 지난 10년간 스타벅스 창업자 하워드 슐츠의 말처럼 "문화를 향유하고 감흥이 통하는 공간"으로 성장했다. 그들은 단순히 카페인만 제공하는 것이 아니라 공간을 강연, 전시, 포럼, 쇼케이스 등 사람들이 직접 영감을 받을 수 있는 콘텐츠로 공간을 채웠다. 실제로 제각각 특성을 보유한 성수동 카페들을 둘러보면 복합문화공간, 갤러리, 쇼룸 같은 부제를 달고 있는 곳이 많다. 이러한 다양성은 성수동 카페를 단지 카페인을 충전하거나 친구와 대화하는 장소를 넘어 매번 새로움과 영감을 일깨우는 장소로 각인해준다. 카페에서 먹는 음식은 체험으로 남고 카페에서 나누는 대화는 영감으로 바뀌는 것이다.

대표적으로 성수역 인근에 있는 쎈느scène는 다양한 분야에서 활동 중인 아티스트에게 무대를 제공하는 문화공간 콘셉트로 시작한 카페다. 이곳 1층에는 커피와 베이커리, 2층에는 다양한 브랜드를 경험할 수 있는 편집숍이 있다. 프랑스어로 '장면'이라는 뜻의 카페 이름처럼 이곳은 매월, 때로는 매주 다른 장면을 보여주며 공간을 트랜스폼한다. 어느 날에는 아티스트의 새로운 앨범을 테마로 한 카페가 되고 또 어느 날에는 명품 브랜드의 쇼룸으로 변한다. '르세라핌' '한섬' '루이비통' '디올' 'tvN' 등 다양한 인물과 브랜드와 IP가 쎈느의 새로운 장면을 만들어내고 있다.

성수동의 대형 복합공간 LCDC SEOUL 1층에 있는 카페 이페메라Ephemera는 쎈느처럼 모습을 직접 바꾸지는 않아도 그들이 추구하는 고유의 감성과 콘텐츠를 농도 짙게 보여준다. 수명이 짧고 대수롭지 않은 물건을 뜻하는 이페메라의 사전적 정의처럼 카페 내부 벽면은 옛 전단지, 티켓, 메모, 우표 등으로 가득 채워져 있다. 이페메라의 액자 속 아이템을 하나하나 살피다 보면 마

매달 새로운 모습으로 변화하는 쎈느

출처 쎈느

치 미지의 박물관에 온 것 같은 느낌이 든다. 더구나 넓은 카페 공간의 거의 모든 벽면을 전 세계에서 가져온 이페메라로 가득 채워 어느 자리에 앉든 아이템을 가까이에서 보고 느낄 수 있다. 그처럼 수집품으로 가득한 공간에서 커피를 마시다 보면 자신도 모르게 수집 욕구가 샘솟기도 한다. 여기에다 개개인의 이페메라를 제공받는 박스도 있어서 그 공간이 단순히 식음을 넘어 테마를 기반으로 방문객과 직접 소통하고 있음을 느끼게 해준다.

외지인들은 각자의 고유함에 진심인 이 '성수다운' 카페 문화를 적극 즐기는 중이다. 신한카드 데이터로 성동구를 방문한 외지인의 외식 가맹점 이용 빈도 증감률을 살펴보면 지난 3년간 커피 관련 가맹점 이용이 가장 많이 증가한 것으로 나타난다. 성동구는 서울에서 커피 관련 가맹점이 가장 많이 늘어난 자치구이기도 하다.

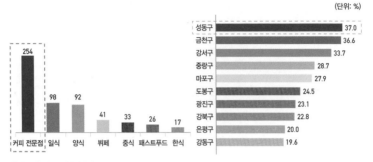

성동구 방문 외지인의 외식 업종별 이용 빈도 증가율(왼쪽)
커피 전문점, 제과 업종 가맹점 수 증가율(오른쪽)

(단위: %)

커피 전문점 254
일식 98
양식 92
뷔페 41
중식 33
패스트푸드 26
한식 17

성동구 37.0
금천구 36.6
강서구 33.7
중랑구 28.7
마포구 27.9
도봉구 24.5
광진구 23.1
강북구 22.8
은평구 20.0
강동구 19.6

출처 신한카드 빅데이터연구소
분석 기간 2019. 1~12. 대비 2022. 7.~2023. 6.

　　성동구 카페 소비의 특별함은 건당 이용액으로도 확인할 수 있다. 성동구는 서울에서 외지인의 카페 건당 이용액이 가장 높은 지역이다. 음식점이나 카페 이용 단가는 보통 임대료, 판매 메뉴 등의 영향을 많이 받는다. 임대료가 비싼 곳은 그렇지 않은 지역보다 한 끼 비용이 많이 드는 편이며 식당 이용액과 카페 이용액은 비슷한 추이를 보인다. 식당 이용 단가가 높은 지역은 카페 이용 단가도 높고, 식당 이용 단가가 낮은 지역은 카페도 마찬가지다. 그런데 성동구는 서울의 여러 자치구 중에서 유독 '나 홀로' 독특한 형태를 나타낸다. 성동구의 식당 건당 이용액은 2만 6,876원으로 서울 전체 평균보다 낮은 편이나 카페 건당 이용액은 9,648원으로 서울에서 가장 높다. 더욱이 카페 건당 이용액이 2위인 종로구(8,657원)보다 무려 천 원이나 높다.

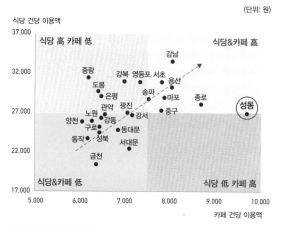

서울 내 외지인 외식 건당 이용액 분포

(단위: 원)

식당 건당 이용액

식당 高 카페 低 / 식당&카페 高

식당&카페 低 / 식당 低 카페 高

카페 건당 이용액

출처 신한카드 빅데이터연구소
분석 기간 2022. 7.~2023. 6.

　이는 성동구 카페의 메뉴 단가가 타 자치구 대비 높은 탓도 있겠지만, 카페에서 음료 외에 다양한 소비가 적극 일어나고 있다고 예상해볼 수도 있다. 실제로 성수동의 유명 카페들을 살펴보면 독창성이 담긴 베이커리와 디저트는 물론 개인 카페가 자체 제작한 굿즈도 판매한다. 신진 작가의 제품이나 협업한 브랜드의 제품을 큐레이션해 제공하는 곳도 있다. 카페가 단순한 식음 공간이 아닌 쇼룸으로 변모한 셈이다. 소비자는 이곳에서만 접할 수 있는 아이템을 발견하고 경험하는 데 기꺼이 큰돈을 쓴다.

영감을 주는 카페 공간의 비밀

성수동 카페들이 풍성한 콘텐츠를 보유할 수 있었던 배경에는 넓은 부지가 있다. 초기에 들어선 카페가 대부분 다른 지역에 비해 규모감 있게 공간을 구성한 덕분에 다양한 행사를 열면서 많은 사람이 한곳에 모일 수 있었다.

행정 측면을 살펴봐도 성수동은 지번 구획을 500평 이상 규모로 나눈 서울에서 보기 드문 지역이다. 지번이란 토지나 건물 대지에 번호를 매겨 주소를 정하는 방식인데, 성수동은 폭넓게 배정한 지번을 분할해서 개발하지 않고 500평 부지 안에 있는 큰 건물 한 채를 그대로 사용한 것이 지역 고유의 특징이 되었다. 지역이 다른 곳처럼 좁은 길이 아닌 대형 스폿 단위로 발전한 성수동은 특정 길보다 전체 '공간의 집합'으로 존재한다.[1] 성수라는 이름의 동 면적을 모두 합하면 여의도의 2배 정도이며 지하철역이 성수, 뚝섬, 서울숲 3개 역에 걸쳐 있다. 여기에다 전문가들은 유명 스폿 사이에 공백지가 많아 성수동은 타 상권에 비해 젠트리피케이션 우려가 상대적으로 적은 편이라고 진단한다.

실제로 성수동 방문자들은 을지로나 가로수길처럼 특정 동선을 따르지 않고 각자의 니즈에 따라 넓은 성수동과 서울숲 지역을 자유롭게 돌아다니는 형태를 보인다. 넓은 반경을 걸어 다니며 구석구석 탐험하고 발견하는 재미와 영감을 얻는 것이다. 이는 마치 보물찾기를 하는 것과 같아서 재방문해도 매번 새로운 경험을 할 수 있다.

물론 성수동의 이러한 특징은 개인의 취향에 따라 호불호가 나뉘는 지점이기도 하다. 소셜 미디어상에서는 성수동 일대를 '회전 초밥'에 비유하며 봤던 사람과 또 마주칠 확률이 유독 높은 곳이라고 언급한다. 공사장이나 공장을 지나 띄엄띄엄 위치한 스폿을 하나하나 찾아다니는 게 힘들다고 말하기도 한다. 그러나 이처럼 방문객 사이에 호불호가 갈리는 모습조차 성수동이 대다수가 선호하는 깨끗하고 세련되고 프리미엄한 지역과 또 다른 로컬리티를 보유하고 있음을 시사한다.

2015년 성동구가 전국 최초로 제정한 조례, 즉 젠트리피케이션 방지 대책도 성수동에 다층 로컬리티가 자리를 잡는 데 크게 기여했다. 성수동 골목 문화와 지역 상권을 보호하기 위해 구 차원에서 대기업과 프랜차이즈 가맹점의 서울숲길 입점을 제한하고, 건물주와 임대료 안정을 약속하는 협약을 맺어 소규모 상권을 보호하는 조치를 적극 취한 것이다. 그 영향으로 개성 있고 경쟁력을 갖춘 점포가 자연스레 늘어나면서 성수동 로컬리티를 유지할 수 있었다.

성동구는 개성 있는 도시 외관을 보호하는 일에도 지원을 아끼지 않았다. 예를 들어 성동구의 '붉은 벽돌 보전 및 지원 사업'은 1970년대부터 1990년대까지 꾸준히 조성한 붉은 벽돌 공장과 창고, 주택을 허물지 않고 이를 개조하거나 붉은 벽돌을 이용해 신축하는 경우 공사 비용의 50%까지 지원하는 정책이다. 이로써 성동구는 붉은 벽돌로 소재의 통일성을 유지하면서도 특색 있는

건축 디자인으로 개성 있는 거리를 조성했다.[2]

이렇게 타고난 지역 자산과 이를 소중히 여기는 구청, 지역 주민이 함께 상생하는 정책을 만들고 지킨 덕분에 그동안 성수동의 본질이 변하지 않고 지속 가능했던 것이다. 모두의 노력으로 영감을 주는 성동구는 외지인의 발걸음을 꾸준히 끌어당기고 있다.

영감을 주는 공간을 대표하는 인물 그리고 기업과의 협업

성수동 카페의 또 다른 특징은 공간뿐 아니라 이를 기획한 인물, 즉 크리에이터의 발자취와 세계관까지도 대중의 관심 대상이라는 점이다. 앞서 소개한 이페메라는 성수동 1세대 크리에이터로 꼽히는 '아틀리에 에크리튜'의 김재원 대표가 기획한 공간이다. 쎈느는 유지YUJI의 이지은 디자이너 등 패션과 F&B 같은 여러 분야 전문가가 의기투합해 만들었다. 방문객들은 크리에이터가 각 공간을 어떤 의도와 배경, 철학으로 만들었는지에 관심을 기울이며 여기에서 일상의 영감을 받고자 한다. 성수동에서 출발해 전국 단위로 확장한 커피 브랜드 카멜 커피의 연관검색어를 보면 흥미롭게도 '사장'이 상위에 노출된다. 실제로 카멜 커피 사장의 인스타그램 팔로워 수는 무려 19만이 넘는다.

이처럼 성수동 카페에는 개성 있는 생각, 패션, 말투가 있고 방문객은 그것을 바라보며 공간과 함께 인물을 추종한다. 그리고 그 흐름에 따라 자신의 스토리를 대중에게 알리고 싶어 하는 크리에이터들이 성수동으로 몰려와 새로운 카페 공간을 창조하고 있다.

물론 성수동 이전에도 서울에는 인물을 중심으로 한 지역이 있었다. 이태원의 홍석천, 장진우처럼 상권을 대표하는 인물이 일부 존재했다. 그렇지만 성수동에서 이름이 알려진 크리에이터의 배경은 외식 산업을 넘어 디자인, 패션, 건축 등 분야가 매우 다양하다. 그 연령대 또한 낮게 나타난다. 신한카드 가맹점 데이터로 서울 자치구별 카페 가맹점주 평균 나이를 비교한 결과 성동구 가맹점주의 나이가 44.6세로 가장 어렸다. 상대적으로 젊은 크리에이

커피 전문점 가맹점주 평균 연령

순위	지역구	평균 나이
✓ 1	성동구	44.6
2	금천구	44.8
3	중랑구	44.9
4	동대문구	45.3
5	마포구	45.7
6	은평구	45.7
7	강서구	45.9
8	성북구	45.9
9	관악구	46.2
10	강북구	46.3

출처 신한카드 빅데이터연구소
분석 기간 2023. 6.

터들이 성수동에 새로운 카페 공간을 창조하고 있는 것이다.

크리에이터가 형성한 성수동의 창조적 이미지를 브랜드에 덧입히려 하는 모습도 자주 나타나고 있다. 가령 카멜 커피는 계속해서 베스킨라빈스, GS25, 뚜레쥬르 등 대기업의 콜라보 제안을 받고 있고, 더현대 서울 등 주요 백화점에도 입점했다. 그뿐 아니라 성수동 카페의 연관검색어로 '대관'이 등장할 만큼 팝업 스토어 제안이 끊임없이 몰려온다. 이미 프로젝트 렌트 같은 팝업 스토어를 위한 전용 공간 플랫폼을 비롯해 쎈느, 오우드 등 일반 카페에서도 매주 다른 팝업 스토어가 열리고 있다. 이처럼 '성수다움'을 이식하려는 브랜드와 기업은 성수동 지역의 고유함, 즉 로컬리티를 인정하고 있다.

신한카드는 일반적인 상품 콜라보레이션이나 팝업 스토어에

더프리뷰 성수 with 신한카드, 2023

출처 신한카드

PART 3   공간 재생

서 한발 더 나아가 보다 특별한 방식으로 성수동과의 협업을 시도하고 있다. 그 대표적인 것이 지난 2년간 성수동의 복합문화예술공간 에스팩토리에서 개최한 아트페어 '더프리뷰 성수 with 신한카드'다. 이 행사는 '미리보기'를 뜻하는 프리뷰Preview라는 이름 그대로 기존 미술시장에 편입하지 않은 신진 작가와 갤러리를 소개하는 대안적·실험적 아트페어를 지향한다. 2021년 처음 선보인 더프리뷰는 한남에서 진행했으나 2022년부터 규모를 확장해 성수에서 개최하고 있다. 영감의 공간 성수동에서 다양한 아티스트들의 작업이 함께 창조하는 새로운 에너지는 다른 곳에서 쉽게 접하기 어려운 특별한 경험을 제공한다.

송파구와 영등포구, 구도심이 뜨는 이유

성동구와 함께 외지인의 외식 이용 증가율이 높은 송파구, 영등포구는 각각 잠실과 여의도 상권을 기반으로 과거 나란히 서울을 대표하는 도심지로 주목받던 곳이다.

영등포구 여의도에는 국회의사당과 각종 금융사를 비롯해 어린 시절 사람들이 한 번쯤 방문했을 법한 63빌딩이 있다. 지상파 3사가 자리잡고 있던 곳도 여의도다. 한국의 정치·경제·문화 중심지로 1990년대에 화려한 시기를 보낸 여의도는 주요 방송사가 외부로 이전하고, 더 높고 더 새로운 건물이 서울 전역에 속속 등장하면서 점차 관심 지역에서 벗어났다.

송파구 잠실동, 신천동 일대는 88올림픽을 기점으로 스포츠와 엔터테인먼트 시설이 속속 들어서면서 황금기를 경험했다. 이곳에는 서울 시내 유일한 테마파크인 롯데월드가 있고 백화점과 쇼핑몰, 박물관까지 가족 단위로 즐길 수 있는 콘텐츠 요소가 가득해 어린 시절 서울 나들이의 상징과도 같은 지역이었다. 그렇지만 대규모 자본과 프랜차이즈로 가득한 잠실의 잘 짜인 도시 공간은 지역의 새로움과 고유함을 찾는 20대에겐 다소 매력이 떨어졌던 게 사실이다. 그렇게 잊혀가던 추억의 놀이터가 코로나-19를 거치면서 오히려 크게 부상하는 모습이 나타나고 있다.

구도심이 신규 타깃과 연결되는 법

영등포구의 중심 상권인 여의도는 직장인을 중심으로 한 오피스 상권이라 주중에는 사람이 몰리고, 야간과 주말에는 사람이 빠지는 인구 공동화 현상이 심한 지역이다. 바로 그 여의도에 있는 더현대 서울이 게임 체인저로 등장했다. 더현대 서울은 현대백화점 그룹이 2021년 2월 개장한 공간으로 서울에서 단일 건물로는 가장 규모가 큰 백화점이다. 코로나-19가 절정이던 그때, 수많은 사람이 이곳에 몰리면서 여의도 일대에 큰 변화가 일어났다.

'○○백화점 ○○점'이 아닌 더현대 서울이라는 이름 그대로 이곳은 일반적인 백화점 공간을 넘어 미래형 플래그십 스토어

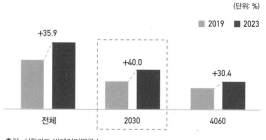

여의도 주요 노포의 외지인 주말 이용 변화

(단위: %)

2019 2023

+35.9

+40.0

+30.4

전체   2030   4060

출처 신한카드 빅데이터연구소
분석 기간 2019. 1~12. 대비 2022. 7.~2023. 6.

를 지향한다. 본래 백화점은 경제력 있는 40대 이상을 타깃으로 소비를 유도하는 공간이나, 더현대 서울은 MZ세대를 타깃으로 한 브랜드와 콘텐츠를 가장 접근성 좋은 층에 채웠다. 가령 '인사일런스' '포터' 등 온라인이나 편집숍을 중심으로 활동하던 브랜드가 대거 입점하고, '뉴진스'와 '슬램덩크' 같은 인기 있는 IP(Intellectual property rights, 지적재산권)의 팝업 스토어를 개최하면서 일약 서울을 대표하는 MZ 플레이스로 부상했다. 여기에다 전체 매장의 51%만 영업 면적으로 활용하기 때문에 건물 내에 조경, 휴식 공간이 가득하다. 일반 백화점에서 볼 수 없는 브랜드, 풍경, 규모감, IP를 등에 업고 MZ세대와의 '연결'을 적극 시도한 셈이다.

실제로 더현대 서울이 등장하면서 주말에 조용하던 인근 여의도 상권에 활기가 찾아왔다. 물론 더현대 서울에는 유명 맛집과 카페가 입점했으나 인파가 넘치면서 식음까지 편하게 즐기기에는 다소 복잡하고 아쉬운 부분이 존재했다. 방문객들은 자연스럽게 여의도에서만 접할 수 있는 쇼핑몰 밖 식당을 적극 탐색했고, 그 기회는 지난 30년간 직장인을 상대로 영업해온 여의도의 각종 노포에 돌아갔다.

신한카드 데이터로 더현대 서울 개장 이후 인근 지역 주요 노포의 매출 변화를 살펴본 결과, 2023년 외지인의 주말 이용 건수가 2019년보다 약 35.9% 성장한 것으로 나타났다. 특히 2030세대 외지인의 주말 이용 건수가 2019년 대비 40% 증가해 4050세대보다 큰 폭으로 성장한 것으로 밝혀졌다. 흥미롭게도 젊은 세대일수록 더 적극적으로 '진주집' '가양칼국수' 등 오래된 맛집을 찾아가 유서 깊은 음식을 즐겼다.

프리미엄한 백화점 안에서의 공간 경험도 좋지만 조금만 나서면 보다 합리적인 가격에 노포 음식을 맛볼 수 있어서 지역 경험이 풍요로워질 수 있다. 재밌게도 어린 세대들은 이러한 로컬 미식 탐방에 더 열정적으로 반응한다. 평일 직장인의 공간으로 여겨지던 여의도가 MZ세대 외지인과의 연결로 과거의 영광을 되찾아가는 중이다.

대기업 자본과 골목 상권의 연결
벌써 10년 차를 맞이한 송파구 롯데월드몰 역시 인근 신규 로컬 거

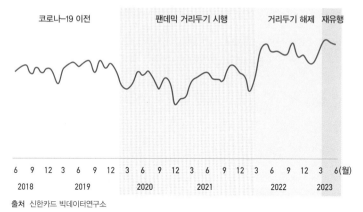

송파구 외지인 외식 이용 추이

코로나-19 이전   팬데믹 거리두기 시행   거리두기 해제   재유행

6 9 12 3 6 9 12 3 6 9 12 3 6 9 12 3 6 9 12 3 6(월)
2018   2019   2020   2021   2022   2023

출처 신한카드 빅데이터연구소

리와의 성공적인 연대로 더 많은 MZ세대를 고객으로 맞고 있다.

과거 송파구는 대형 몰의 깨끗하고 잘 정돈한 공간을 넘어 개성과 지역색을 찾는 MZ세대를 유인할 공간이 상대적으로 부족했다. 특히 미식에서 물음표가 떠오르는 지역이었다. 이에 따라 프리미엄한 식당은 강남, 유서 깊은 노포는 한강을 건너 중구나 종로까지 가야 찾을 수 있었다. 그랬던 송파구가 최근 몇 년 사이 달라졌다. 여기에는 MZ세대의 데이트 공간으로 주목받는 '몰'만큼이나 송리단길의 역할이 컸다.

송리단길은 석촌호수 주변에 형성된 골목으로 2016년까지만 해도 다세대 주택과 사무실이 밀집한 주거 지역이었다. 이곳에 롯데월드몰 개장 이후 다채로운 매력을 지닌 식당이 하나둘 자리 잡기 시작했다. 송리단길이라는 이름을 붙인 지 7년이 된 지금은 미식으로 없는 게 없는 송파구로 거듭나고 있다.

쇼핑 관련 기능은 모두 몰에서 이뤄지는 까닭에 송리단길 상권은 철저하게 맛 중심으로 발달했다. 물론 여기에 여의도처럼 40년 전통을 자랑하는 노포가 즐비한 것은 아니지만 이곳에서는 일본, 이탈리아, 대만, 인도 등에서 지금 뜨는 이색적인 전 세계 음식을 맛볼 수 있다. 특히 소규모 점포가 다양하게 형성되어 있는데 사람들은 소셜 미디어상에서 송리단길 음식점 100여 곳의 정보를 담은 맛집 지도를 심심치 않게 공유한다.

만약 영등포구와 송파구에 대기업 자본의 규모감 있는 몰이 새로 등장하지 않았다면, 지금 두 지역 상권은 어땠을까? 두 지역 성장에서 몰의 역할은 당연히 빼놓을 수 없다. 하지만 우리가 주목해야 할 것은 대형 몰 그 자체가 아니라 대형 몰이 주변 상권을 함께 성장시킨다는 점이다. 신한카드 데이터로 잠실 롯데백화점, 에비뉴엘, 롯데월드몰에서 소비한 외지인의 주변 상권 외식 이용률을 분석한 결과 이용자의 26%가 백화점이나 몰 방문 전후로 인근 지역 외식 가맹점을 이용하는 것으로 나타났다.

한 가지 특이한 것은 연령대가 낮아질수록 주변 상권 외식 이용률이 증가하고, 20대가 주변 상권 이용에 가장 적극적이라는 점이다. 그만큼 MZ세대는 획일화한 프랜차이즈 음식보다 유서 깊은 노포나 이색적인 메뉴로 자신만의 개성을 보여주는 신규 식당을 더 선호한다.

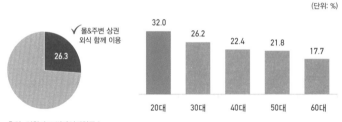

잠실 주요 몰 이용 외지인의 당일 송파구 내 외식 이용률

(단위: %)

몰&주변 상권
외식 함께 이용

26.3

20대	30대	40대	50대	60대
32.0	26.2	22.4	21.8	17.7

출처 신한카드 빅데이터연구소
분석 기간 2022. 7.~2023. 6.

대형 몰만 있는 곳은 근교 몰과 차별화가 어렵다. 그리고 단지 거리만 활성화한 상권은 사람들을 끌어당기는 힘이 약하고 지속 가능성이 떨어진다. 실제로 단순히 거리만 형성된 서울 시내 수많은 '○○○길'은 코로나-19 시절에 카페, 맛집 검색량이 꾸준히 감소했다.

반면 몰과 풍부한 로컬 자원을 연계한 송리단길은 코로나-19를 견뎌내며 더 크게 발전했다. 지역을 구성하는 공간은 스폿, 길 그 자체를 넘어 연결 콘텐츠로도 가치가 있다. 대중의 오프라인 경험 수준이 점점 더 높아지는 상황에서 콘텐츠로서 매력을 잃은 지역은 도태될 수밖에 없다.

송리단길 등장으로 '롯데월드몰·롯데백화점-석촌호수-송리단길'로 완성한 연결 구간은 MZ세대에게 데이트와 나들이 코스로 자리 잡았다. 이들은 롯데월드몰에서 쇼핑을 즐기고, 석촌호수에서 벚꽃 외에 러버덕·슈퍼문·스위트 스완 등 공공미술 프로젝트를 관람하며, 송리단길에서 세계 음식을 경험한다. 사람들의 발걸음을 끌어당기는 인상적인 경험, 장면, 음식이 모두 연결된 동선에 존재하면서 지역 경험이 다채롭고 프로그램화한 것이다. 지금 송파구는 다른 지역에서 경험할 수 없는 특별한 연결로 뜨고 있다.

지역의 오리지널리티를 찾아라

대한민국 수도 서울은 새로운 공간이 끊임없이 생겨나고 사라지길 반복하면서 계속 변화하는 도시다. 서울이라는 공간은 제각각 특색과 다채로움이 가득한 산, 강, 고궁, 고층 건물이 도시 안에 함께하며 세련되고 멋지고 오래되고 낡은 면모를 고루 드러낸다. 공유 숙박 플랫폼 업체 에어비앤비가 조사한 결과에 따르면 서울은 '2022년 세계인이 가장 많이 검색한 여행지' 4위에 올랐다. 또한 미국 《타임》지는 '2022년 방문하기 좋은 세계 최고의 장소' 중 한 곳으로 서울을 선정했다. 외국인들은 서울을 "새로운 것이 넘치는 도시, 빠르고 폭발적인 에너지를 지닌 도시"라고 평한다.

그런 서울에 거주하거나 방문하는 우리는 자신도 모르는 사이에 다양한 공간과 지역 변화를 단시간 내에 경험한다. 덕분에 나이를 불문하고 공간 경험이 대중화하고 지역을 보는 안목이 높아졌다. 단순히 인증샷이 잘 나오는 일회성 핫플레이스가 아니라 고유함이 살아있는 지역을 알아보는 소비자가 늘어난 것이다. 그 안목 있는 소비자들이 선택한 성동구, 송파구, 영등포구 사례로 우리는 지역과 공간의 고유함, 즉 로컬리티 형성에 도움을 주는 몇 가지 인사이트를 포착할 수 있다.

영감의 출발점은 크리에이터다

성동구는 지난 10년간 다용도로 활용할 수 있는 카페 공간을 기반으로 서울에서 가장 '영감 넘치는 지역'으로 부상했다. 그러한 카페를 구상한 크리에이터들은 넓은 공간에서 자신만의 스토리, 철학, 가치관을 보여줬고 이에 영감을 받은 개성 있는 크리에이터들이 계속해서 이곳으로 집결했다. 결국 또는 지역은 막대한 자본이나 대기업의 기획만으로 생겨나는 게 아니다. 성동구 사례처럼 거리를 살리고 거리의 고유함을 만드는 존재는 그곳의 크리에이터다. 당신 역시 그러한 크리에이터가 될 수 있다.

배경이 다양한 크리에이터가 전면에 나서는 지역이라는 특징은 성동구만의 고유한 것이 아니다. 공간을 대표하는 각 크리에이터의 이름이 다양한 지역에서 생겨날 경우, 대한민국 로컬리티는 더 다채로워질 수 있다. 나아가 성수동의 카멜 커피, 어니언 같은 로컬 브랜드가 다른 지역에서도 활약하는 것처럼 지방에서 흥행하는 크리에이터와 공간이 역으로 서울에서 활약할 수도 있다. '영감 넘치는 성동구'에서 '영감 넘치는 대한민국'으로 확장한 모습을 기대한다.

영감의 공간엔 배울 거리가 있다

인간은 왜 공간에서 영감을 얻으려고 할까? 우리가 영감을 갈망하는 이유를 찾다 보면 결국 배움으로 귀결된다. 가령 성수동 카페에서는 크리에이터의 뛰어난 감각을 배우고, 여의도 더현대 서울에서는 요즘 젊은이들의 트렌드를 배우려 한다. 따라서 고객에게 영감을 주는 공간을 성공적으로 기획하고 구현하려면 무엇보다 배움을 염두에 두어야 한다. 특히 크리에이터인 내가 잘 알거나 관심 있는 주제를 방문객과 어떻게 나눌 것인지 고민하는 자세가 필요하다. 내 강점과 관심사를 공간에 담긴 콘텐츠와 메시지로 녹여내는 것이 영감 넘치는 공간의 핵심이다.

대형 몰과 지역 콘텐츠를 연결한다

송파구와 영등포구 사례처럼 대형 몰과 지역 자본을 서로 연결해 콘텐츠화한 지역에서는 소상공인이 무리해가며 몰 안으로 들어갈 필요가 없다. 대형 몰은 자칫 외부의 소상공인을 위협하는 요인으로 보일 수 있지만, 다른 한편으로는 소상공인에게 대기업 생태계에 자연스럽게 편승할 기회를 제공하는 매개체 역할을 한다. 이는 악어와 악어새처럼 공생하며 성장하는 관계로, 소상공인 입장에서는 대기업의 자본 수혜를 볼만한 주변 지역에서 로컬리티를 살린 공간을 만드는 것이 유리할 수 있다.

몰에 비해 상대적으로 임대료가 저렴한 지하상가라도 그 지역과 결합할 자신만의 콘텐츠가 있으면 공통 로컬리티로 연결될 수 있다. 특히 공간을 주요 포털 지도 서비스에 등록할 경우 소비자가 #○○○감성카페,

#○○○맛집 같은 해시태그로 검색해 찾아오므로 상권 입지 제약도 자연스레 줄어든다.

이처럼 몰과 지역 자본은 연결로 서로의 가치를 높일 수 있다. 시기나 계절에 따라 로컬이 몰의 흥행을 이끌기도 하고 몰 등장으로 로컬의 가치를 재발견할 수도 있다. 둘을 연결하면 지역 로컬리티를 강화하고 소상공인도 함께 성장할 수 있는 것이다. 단순히 맛집, 쇼핑몰을 넘어 연결함으로써 지역 자산을 '하루 여행 필수 코스'로 콘텐츠화하자. 스폿을 로컬 콘텐츠로 바꾸는 방법은 바로 연결이다.

PART 4

공간 변화

판매점에서
체험장으로,
오프라인 공간은
살아 움직인다

오프라인 공간의 생존법

살아남는 공간은 무엇이 다를까? 코로나-19가 한창이던 2021년 2월 마지막 주말, 감염에 따른 우려와 불안으로 가득한 사회 분위기와 달리 한산하던 여의도는 각지에서 온 자동차와 방문객으로 인산인해를 이뤘다. 그들의 방문지는 개점 첫 주말을 맞이한 더현대 서울이었다. 당시 감염자 확산과 연일 강화한 사회적 거리두기로 많은 사람이 모이는 장소에 가는 것은 꽤 많은 용기가 필요한 일이었다. 그런데 더현대 서울의 보도에 따르면 더현대 서울의 방문객은 개점 첫 주에 150만 명, 열흘 만에 200만 명 이상을 돌파했으며, 개점 100일간 매출 2,500억을 기록했다. 2023년 8월에는 누적 방문객 1억 명을 넘었다. 업계 전문가들은 더현대 서울의 성공 요인을 혁신적인 공간 구성, MZ세대 타깃 브랜드, 오감 만족 콘텐츠 등 다양한 측면에서 설명하고 있지만 핵심은 기존 운영 방식에 안주하지 않고 시대 흐름에 맞춰 그곳만의 매력적인 콘텐츠를 발굴했다는 점이다.

대형 매장뿐 아니라 '생활 밀착형 동네 플랫폼'을 추구하는 그로서리 스토어 보마켓도 그곳만의 감성과 콘텐츠로 코로나-19 기간 동안 사람들을 꾸준히 끌어모으며 오히려 매장 수를 늘렸다.

다른 한편으로 디지털 기술을 활용한 매장도 사람들의 주목을 받고 있다. 가령 무인화와 로봇처럼 일상과 거리가 멀다고 여기던 기술이 접목된 매장은 소비자 구매 여정의 편의성을 높이고 물리적, 심리적 불편감을 낮추면서 매력적인 소비 공간으로 부상하고 있다.

온라인이 오프라인의 대체재로 부상하며 오프라인 공간을 위협한 지는 이미 오래되었다. 그 영향으로 기존 틀에 갇히지 않고 적정한 기술로 좀 더 편안한 소비 환경을 제공하거나 그 장소만의 매력적인 콘텐츠를 더하는 것이 사람들에게 사랑받는 공간으로 남는 생존 전략으로 떠오르고 있다. 그러면 적정한 기술을 활용한 무인화·로봇 매장을 비롯해 매력적인 콘텐츠로 사랑받는 그로서리 스토어와 백화점을 중심으로 한 오프라인 공간의 생존 전략을 자세히 살펴보자.

적정한 기술이 사람을 향할 때

기술에 매몰되지 않는 리테일 테크, 무인화 매장

지금은 유통 4.0 시대다. 이는 물물교환에 기반한 유통 1.0 시대, 시장과 유통업체가 등장한 유통 2.0 시대, 인터넷·전자상거래가 출현한 유통 3.0 시대를 지나 4차 산업혁명 기반의 AI·IoT·VR·AR 기술 등을 유통에 적용하는 시대를 말한다.[1]

유통 4.0 시대에는 4차 산업혁명 기술을 리테일 매장에 접목하고 리테일 테크Retail Technology 기반의 유통 환경을 구현한다. 리테일 테크를 접목한 가장 대표적인 형태는 바로 점원이 없는 무인화 매장이다. 무인화 매장은 각종 첨단 기술이 점원 역할을 대신하는 매장으로 24시간 내내 셀프 결제 시스템이나 키오스크만으로 운영하는 기계식 매장, 야간에만 무인으로 운영하는 하이브리드 매장, 각종 첨단 기술로 무장한 완전 스마트 매장 등의 형태가 있다.

무인 매장은 코로나-19를 거치며 폭발적으로 성장했는데, 신한카드 데이터에 따르면 최근 4년간 무인 매장의 신규 가맹점 수는 약 894% 증가했다. 이런 양적 성장과 함께 무인 매장 시스템을 적용하는 영역 또한 다양해지고 있다. 신한카드 데이터를 기반으로 2023년 1~5월 업종별 주요 무인 매장 이용 변화를 살펴보면 전년 동월 대비 라면가게, 문방구 등 새로운 업종에서 이용이 눈에 띄게 증가한 것을 알 수 있다. 무인 라면가게는 다양한

무인 매장 업종별 이용 증가율

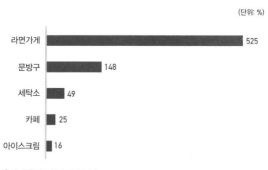

(단위: %)

출처 신한카드 빅데이터연구소
분석 기간 2019. 1~5. 대비 2023. 1~5.

봉지·컵 라면과 함께 간단한 식재료를 갖춰 기호에 맞게 조리해서 먹을 수 있는 형태의 매장으로, 최근 새롭게 등장해 아직 규모가 작고 매장 수도 적으나 매달 이용자가 꾸준히 늘고 있다.

이처럼 무인화 매장의 적용 범위가 다양한 영역으로 넓어지고 성장 중인 것은 사실이지만 모든 매장이 성공하는 것은 아니다. 과연 무인화 매장의 핵심은 무엇일까? 바로 디지털 기술 중심의 기계식 점포 구현이 아니라 적용한 기술이 매장을 방문한 소비자에게 '얼마나 다양한 효용을 제공하는가'이다.

일반적으로 소비자가 무인 매장에서 느끼는 큰 효용 중 하나는 오프라인이지만 비대면 공간이라는 점이다. 무인 매장은 사람이나 직원과의 불필요한 접촉을 최소화하기 때문에 물건을 구매하면서 시간, 에너지 소모가 적고 누군가를 의식할 필요 없이 느긋하게 물건을 살펴볼 수 있다. 상품을 탐색하는 환경이 편안하다는 것은 비대면에 익숙한 소비자에게 매우 중요한 포인트다. 실제로 2021년 엠브레인의 무인점포 관련 U&A(고객의 사용 행동 Usage과 태도 Attitude) 조사에 따르면 응답자의 42.5%가 "직원 응대가 부담스러워 매장 방문을 피했던 경험이 있다"라고 대답했다.[2] 요즘 소비자들이 오프라인 소비 환경에서 기대하는 것 중 하나는 제품의 물성을 직접 확인하고 느끼는 것이다. 따라서 과한 관심과 응대가 없는 무인 매장은 오히려 편안하고 자유로운 쇼핑 공간을 제공해 제품 탐색과 매장 경험의 몰입도를 높여줄 수 있다.

그뿐 아니라 무인 매장은 서비스 과정을 간소화해 소비자에게 더 합리적인 가격을 제시하는 것이 가능하다. 직원의 친절한 응대, 상세한 제품 설명 같은 부가 서비스보다 원하는 제품을 저렴하게 구매하는 것이 더 중요한 실용적인 소비자에게는 무인 매장이 또 다른 대안일 수 있다.

무인 매장은 비대면, 합리적인 가격과 함께 방문 시간의 자율성을 제공한다. 직원 고용 부담이 없는 무인 매장은 24시간 열려 있기에 '내가 원할 때 언제든 이용할 수 있다'는 장점이 있는 것이다.

그러면 무인 카페와 일반 카페의 이용 시간대는 어떤 차이가 있는지 살펴보자. 신한카드 데이터에 따르면 일반 카페는 점심 시간 전후로 이용이 집중되는 반면, 무인 카페는 늦은 저녁과 새

무인 카페 vs. 일반 카페 이용 시간대 비중

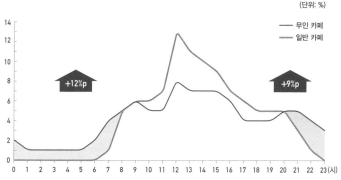

(단위: %)

출처 신한카드 빅데이터연구소
분석 기간 2023. 1~5.

벽 시간까지 이용 시간대가 다양하다. 무인 카페의 경우 20시 이후부터 9시 사이 이용 건수 비중이 36%로 나타났는데 이는 일반 카페(15%) 대비 약 21%p 높은 비중이다. 정형화한 틀이 아닌 개인의 생활 패턴에 맞춰 시간을 관리하고 사용하는 것을 선호하는 시대에 시간 제약 없이 편안하게 쇼핑할 수 있다는 점은 매장 방문의 강력한 소구점이다. 기계와 기술이 사람의 자리를 대신하면서 매장 이용의 편안함과 가성비, 자율성의 가치가 더해진 것이다.

한편 동네 기반의 무인 매장 다양화라는 흐름에서 한발 더 나아가 대기업을 중심으로 차별화한 공간 체험을 위해 각종 첨단 기술을 접목한 무인 매장도 늘어나고 있다. 그런데 그 첨단 기술은 소비자의 구매 여정에 잘 녹아들어 놀라움과 편리함을 동시에 제공하기도 하지만 낯선 기술로 인해 외려 불편함을 안겨주기도 한다. 결국 매끄러운 고객 경험과 첨단 기술 사이에서 적정선을 찾아내는 세심함이 무인화 매장의 또 다른 핵심 요소다. 이를 잘 찾아내 좋은 반응을 얻고 있는 곳 중 하나가 배스킨라빈스의 무인 매장 '플로우'다.[3]

24시간 무인 아이스크림 매장인 플로우에는 직원이 직접 아이스크림을 퍼주는 스쿱 형태의 아이스크림 대신 프리패킹pre-packing 제품을 판매하고 있다. 매장 형태와 운영 방식에 맞는 상품을 배치하고자 브랜드의 상징이라 할 수 있는 스쿱 아이스크림을 과감하게 버린 것이다. 대신 일반 매장에서 보기 힘들던 아이스크림 피자, 미니 아이스크림 케이크 등 다양한 형태의 아이스크림 디저트를 갖춰 무인 매장만의 차별화 포인트를 만들었다.

여기에다 IoT 솔루션 기반의 매장을 구현하되 계산대 이용 없이 바로 나가는 저스트 워크 아웃Just Walk Out이나 홍채 인식 결제 방식 등 소비자가 낯설어하고 어색해할 수 있는 기술은 과감히 배제했다. 대신 신용카드 인증에 기반한 방문 안전장치, 제품 손실을 막기 위한 알람 기술 적용 등 점주와 소비자가 매장에서 느낄 수 있는 불편함을 최소화하는 디지털 기술에 집중했다. 단순히 보여주기식 매장이 아니라 소비자가 꾸준히 찾고 점주의 부담도 덜어주는 지속 가능한 무인 매장을 만들기 위해서다.

이러한 노력 덕분인지 플로우는 매장 오픈 한 달 만에 예상액의 2배를 넘어서는 매출을 올렸다. 플로우의 성공은 첨단 기술 적용에만 몰두하지 않고 기술로 '어떻게 보다 나은 구매 경험과 환경을 제공할지' 같은 매장의 본질 가치를 고민한 결과다.

단순노동과 위험의 외주화 - 서비스 로봇과의 공존

카페 혹은 음식점에서 로봇이 커피를 내리거나 서빙하는 모습을 본 적 있는가? 공상과학 영화와 첨단 기술 연구소에서나 볼 수 있었던 로봇이 호텔·백화점·오피스뿐 아니라 영화관, 식당, 카페에 이르기까지 우리 일상 공간으로 들어오고 있다. 인간에게 필요한 작업을 수행하며 일상생활을 돕는 로봇을 '서비스 로봇'

이라 하는데, 한국과학기술정보연구원은 2022년 4억 4,000 달러였던 국내 서비스 로봇 시장 규모가 2026년이면 10억 3,000 달러에 이를 것으로 예측하고 있다.[4]

서비스 로봇을 가장 빈번하게 활용하는 곳은 식음료 업장業場이다. 특히 조리 작업에 로봇을 도입하는 곳이 많은데 국수를 말아주는 셰프봇을 비롯해 커피를 내려주는 바리스타 로봇, 피자를 굽고 치킨을 튀기는 피자·치킨 로봇 등 식음료 매장 특성에 맞는 다양한 조리용 로봇이 등장하고 있다. 또한 식당 안을 쉴 새 없이 돌아다니며 음식을 가져다주거나 빈 그릇을 수거하는 서빙 로봇, 우편물과 구매한 물건을 배달해주는 배달 로봇까지 음식점·오피스·스크린 골프장·마트 등 서비스 로봇의 역할과 활용 영역은 점점 다양해지고 있다.

단순하고 반복적인 업무에서 한발 더 나아가 최근에는 보다 섬세한 서비스를 제공하는 로봇도 등장하고 있다. 예를 들어 현대차 송파대로 전시장의 AI 서비스 로봇 달이DAL-e는 방문 고객을 전시차로 안내해 차량 특징이나 가격을 설명하고 상담 예약까지 잡아준다. 서비스 로봇의 양적, 질적 활용도가 높아져 세심함이 필요한 고객 응대까지 가능해진 것이다.

로봇의 양적, 질적 활용이 늘어나고 있는 이유는 무엇일까? 일시적으로는 고객에게 구경하는 즐거움과 재미를 선사할 수 있고 궁극적으로는 사업주의 협업재, 보완재 역할을 하기 때문이다. 로봇은 인간과 달리 지치지 않기 때문에 24시간 내내 같은 수준

서비스 로봇 달이 DAL-e

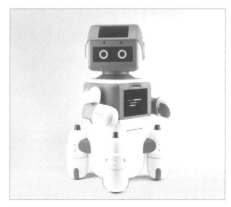

출처 현대자동차그룹 보도자료

의 퍼포먼스를 보여준다. 사람들이 선호하지 않는 단순 반복 작업을 로봇이 대신하면 인간은 좀 더 창의적이고 생산적인 업무에 시간을 투입할 수 있다. 나아가 로봇은 인간을 재료를 삶고 뜨거운 육수를 붓는 등 위험한 과정에서 벗어나게 해준다.

로봇 덕분에 얻은 안전한 환경과 체력, 심리적 여유는 결국 더 나은 고객 경험과 퀄리티 높은 서비스를 제공하게 한다. 인간에게 단순노동에서 벗어나 좀 더 의미 있고 가치 있는 일에 집중할 수 있는 환경이 주어지는 셈이다.

이와 함께 할부, 렌탈 같은 다양한 구매 방식은 서비스 로봇 대중화와 양적 확대에 크게 기여하고 있다. 서비스 로봇의 한 종류인 서빙 로봇을 일시불로 구매하려면 한 대당 수천만 원을 호가하지만, 대여하면 월 50~100만 원에 사용할 수 있다. 최근에는 더 저렴한 가격 옵션도 등장했다. 가령 우아한형제들의 자회사 비로보틱스는 2023년 국내 최초로 인증중고 렌탈 상품을 판매하기 시작했고, 최저 월 19만 9,000원(24개월 약정 기준)에 서빙 로봇을 빌려주고 있다.[5] 국내 서빙 로봇 시장점유율이 가장 높은 브이디컴퍼니도 온라인 전용 다이렉트 상품을 출시해 월 20만 원대로 렌탈 서비스를 제공한다.[6] 이처럼 비싼 가격을 대체하는 대안적 서비스가 등장하면서 로봇 활용은 경제적 여유가 있는 소수만의 점유물이 아니라 누구나 감당할 만한 선택지로 바뀌고 있다.

물론 로봇은 안전, 속도, 비용 절감 등 인간에게 다양한 형태의 효용을 제공하지만 인간의 영역을 완전히 대체할 수는 없다. 해외에서는 일찌감치 다양한 형태의 로봇을 상업 공간에 투입했는데 모두가 성공적이었던 것은 아니다. 무엇이 로봇 매장의 성패를 갈랐을까? 마케팅의 대가 필립 코틀러는 "기업은 올바른 기술을 적용하는 것이 인간을 더 행복하게 해줄 수 있다는 사실을 고객에게 입증해야 한다"라고 말했다.

잘 짜인 알고리즘에 따라 움직이는 로봇의 영역 외에 맛, 위생, 서비스 등 세심함과 경험적 지식이 필요한 영역은 인간의 철저한 퀄리티 확인이 이뤄져야 한다. 고객이 기술 혜택을 누리며 행복감을 느끼게 하려면 인간은 인간 고유의 영역을 지키고 로봇은 인간 대체재가 아닌 보완재 역할을 충실히 해야 한다.

앞서 말한 대로 무인 매장, 로봇 기술 등 각종 디지털 기술에 기반한 하이테크 소비 공간은 계속 늘어나고 있다. 그러한 하이 테크의 핵심은 기술에 매몰되지 않는 것이다. 기술에 매몰되는 기술 우선주의식 운영은 비용만 늘릴 뿐 고객에게 지속적인 만족감을 제공하지 못한다. 테크 기반 오프라인 매장을 의미 있게 하는 것은 각종 기계와 고도화한 기술을 접목하는 데 있지 않다. 그보다는 '적정한 기술'로 소비자의 구매 여정에 새로운 편안함과 편리함을 제공하는 데 있다. 여기에다 기술로 감동을 주고 새롭고 즐거운 경험을 선사할 때 오프라인 공간은 빛날 수 있다.

선별화, 맞춤화, 지역화

킬러 서비스 매장

게리 켈러와 제이 파파산은 《원씽 The One Thing》에서 복잡함을 단순함으로 바꾸는 힘을 이야기한다. 여러 일을 동시에 하면 효율적이지 않고 생산성이 떨어지며 한 가지 일도 완벽히 해내지 못한다. 탁월한 성과를 내려면 꼭 필요하고 중요한 일에 집중해 깊게 파고들어야 한다. 이것은 공간 운영 방식에도 적용된다. 모두를 만족시키기 위한 공간을 만들려고 하면 누구도 만족시킬 수 없다.

대량 생산 시대에는 '규모의 경제'가 주목받으면서 매장은 무조건 커야 하고 상품과 서비스도 최대한 많이, 다양하게 제공하는 것이 좋다는 인식이 있었다. 지금은 무조건 규모를 키우기엔 현대 소비자의 니즈가 굉장히 다양하고 세밀해졌다. 그뿐 아니라 도심 속 임대료나 최저 임금 상승, 노동력 부족 등 기회비용도 아주 크다. 이런 이유로 영리한 기업은 매장이 위치한 지역, 장소, 핵심 이용자의 특징을 파악해 킬러 서비스를 제공하는 전략을 선택하고 있다. 무조건 큰 매장에서 서비스를 넓게 펼치기보다 핵심 타깃에 맞춰 공간을 유연하게 변형하며 다양한 포트폴리오로 대응하는 것이다.

지역 특성과 방문 고객을 고려해 매장을 가장 잘 변형하는 곳이 바로 스타벅스다. 이미 스타벅스는 리저브, 드라이브스루, 딜리버리 등 다양한 형태의 매장을 운영하고 있으며 최근에는 픽업 전문 매장도 늘려가고 있다. 해외에서는 2019년 11월 뉴욕에 첫 픽업 매장을 연 후 다른 도시로 매장을 확대하고 있다. 국내에서는 강남역 신분당역사점이 주목받고 있다. 강남역 신분당역사점은 스타벅스 앱으로 미리 원하는 메뉴를 주문, 결제할 수 있는 사이렌 오더를 권장해 좌석과 테이블이 없고 최소한의 직원과 공간만으로 운영하는 소형 매장이다.

매장 내 주문을 최소화하기 때문에 머무는 사람이 없어 카페 운영을 위한 넓은 공간과 많은 직원이 필요하지 않다. 여기에다 강남역 2호선과 신분당선이 연결되는 지하 통로에 위치해 서비스를 빠른 테이크아웃에 집중하고 있다. 서울 지역 중 유동 인구가 가장 많은 강남역에서 빠르고 신속하게 커피 테이크아웃을 원하는 소비자의 니즈를 뾰족하게 파악해 시간을 절약하고 구매 단계를 축소함으로써 효율을 극대화한 것이다.

스타벅스 외에도 '컨설팅 서비스'라는 킬러 서비스를 앞세워 도심형 플래닝 스튜디오를 따로 운영하는 브랜드도 있다. 바로 글로벌 홈퍼니싱 브랜드 이케아다. 이케아는 국내 최초로 천호 현대백화점에 맞춤화한 컨설팅 서비스를 제공하는 도심형 플래 닝 스튜디오를 오픈했다. 이케아 플래닝 스튜디오에서는 상주 컨설턴트에게 인테리어 전반에 관한 상담부터 제품 주문까지 다 양한 형태의 전문 솔루션을 개인 맞춤형으로 제공받을 수 있다. 이곳은 창고형 매장 대비 규모가 작고 직접 볼 수 있는 제품의 가 짓수도 적지만, 도심 외곽까지 갈 시간이 없고 맞춤형 컨설팅 서 비스가 필요한 고객에게는 안성맞춤인 매장이다.

해외에서도 매장 규모를 줄이고 특화한 서비스에 집중하는 매 장이 늘고 있는데, 가장 대표적인 곳이 미국 유명 백화점 체인인 메이시스와 블루밍데일스다. 2020년 기존 메이시스 백화점의 5 분의 1 규모로 오픈한 마켓 바이 메이시스Market by Macy's는 바이 어가 엄선한 상품으로 구성한 큐레이션형 매장으로 매장 내 카 페, 미팅 공간 등 지역 밀착 서비스를 강화한 형태다. 메이시스그 룹 계열사인 블루밍데일스 백화점도 2021년 미니 규모의 블루미 스Bloomie's를 오픈했다. 이곳은 전담 직원이 상주하면서 입점 상 품의 스타일링과 정보를 전달해주는 캐주얼하고 일상적인 공간 이다.[7] CNBC에 따르면 2022년 홀리데이 시즌 3개월간 마켓 바이

메이시스와 블루미스 매출은 전년 동기 대비 각각 8%, 12% 성장했다.[8] 이는 규모는 작아도 큐레이션한 상품과 스타일링, 수선 서비스 등 고객 밀착형 서비스에 집중한 결과라고 할 수 있다.

미국 내 백화점들이 매장 수를 줄이며 고전하는 상황임을 고려하면 이는 매우 놀라운 수치다. 이들의 주요 성장 요인은 온라인 채널에서 쉽게 얻을 수 있는 상품 구매 기능은 최소화한 반면, 오프라인 공간에서만 가능한 브랜드 체험과 지역 주민과의 접점은 높이는 생활 밀착형 서비스를 강화한 데 있다.

온라인이 소비를 주도하는 시대에 오프라인 매장의 상품 수, 매장 크기 등은 그리 중요하지 않다. 그보다는 타깃 지역, 고객이 가장 만족할 만한 '원씽'이 무엇인지 찾고 그것을 차별화한 서비스와 최대한의 퀄리티로 구현하는 방법을 고민하는 것이 우선이다. 다시 말해 물건 판매에 집중하기보다 해당 업종의 전문가로서 소비자에게 '어떤 킬러 서비스를 제공할지' 치열하게 고민하고 이를 뾰족하게 제안할 때, 온라인을 넘어서서 차별화한 공간으로 포지셔닝할 수 있을 것이다.

평방미터보다 매력미터

상품이 아닌 콘텐츠를 제안하는 백화점

적정한 기술로 편리와 효용을 제공하거나 킬러 서비스로 온라인 플랫폼과의 차별화를 꾀하는 것에서 더 나아가 매력적인 콘텐츠로 오프라인만의 감각을 극대화한 공간도 사랑받고 있다. 과거보다 고급 정보에 접근하는 것이 훨씬 수월해진 소비자는 생생한 후기, 영상 리뷰, 디테일한 정보 등 원하는 상품 정보를 다각도로 쉽고 빠르게 손에 넣고 있다. 이처럼 정보 비대칭이 줄어들면서 오프라인 매장은 그곳에 찾아올 만한 강력하고 확실한 이유를 제공해야 하는 상황이다. 온라인에서 경험할 수 없는 특별하고 감각적인 콘텐츠를 제안하는 능력은 매장 존폐를 결정할 만큼 중요한 요소다.

백화점百貨店의 사전적 정의는 백百 가지 재화貨를 갖추고 있는 상점店이다. 이곳은 다양한 구색의 상품과 상점이 한 건물에 있는 현대 사회의 대표 소비 공간이라 할 수 있다. 김인호가 쓴《백화점의 문화사》에 따르면 백화점은 '도시의 상징물'인데 도시가 성장하면서 기능을 달리해왔다고 한다. 이처럼 19세기에 처음 생긴 백화점은 지금까지 역사를 이어가면서 도시를 대표하는 상징물이 되었다. 이처럼 백화점은 오랜 역사에서 한 도시의 소비문화를 상징하는 기호 역할을 해왔기에 그 변화는 유통 변화를 넘어 우리의 소비 방식과 라이프스타일 변화를 상징한다.

지금은 온라인 커머스의 급격한 성장으로 소비와 라이프스타일의 축이 흔들리고 있는 격변의 시대다. 이에 따라 한 도시의 소비문화를 상징하는 백화점도 위기 타개 전략으로 상품을 판매하는 곳에서 '콘텐츠를 제안하는 곳'으로 진화하고 있다. 그러면 백화점은 상품 대신 어떤 콘텐츠를 제안하고 있을까?

요즘 백화점들이 공간에 가장 많이 할애하는 콘텐츠는 '미식'이다. 오픈서베이가 2023년 4월 국내 주요 백화점을 방문한 소비자 1천 명을 조사한 결과 백화점 방문 목적은 외식(15.6%, 2위)이 물건 구매(38.8%, 1위) 다음으로 높게 나타났다. 쇼핑 외에 가장 많이 경험한 부분도 외식(87.1%)이 압도적이었다.[9] 좋은 사람과 맛있는 음식을 먹는 것은 바쁜 현대인이 가장 손쉽게 얻을 수 있는 행복이다. 그뿐 아니라 대한민국 생활 수준이 그저 허기를 채우는 것에서 미식의 즐거움을 누리는 수준까지 올라왔기에 많은 사람이 한 끼를 먹더라도 맛있고 즐거운 식문화를 경험하길 원한다. 그 영향으로 백화점들은 소비자의 유니크하고 즐거운 미식 충족을 위해 몇 년 전부터 국내외 맛집 입점에 힘을 쏟고 있다. 전국의 유명 맛집을 유치하고자 경영주를 설득하면서 2~3년 이상 공들이는 경우도 있으며, 5대 명품 브랜드에만 내준다고 알려진 백화점 1층 자리를 해외 유명 버거에 내주며 파격적인 대우를 해주기도 한다.

여기서 한발 더 나아가 백화점이 직접 맛집을 만드는 경우도 있다. 국내 맛집 유치전에서 가장 공격적인 행보를 보이는 더현대서울은 2022년 7월 인기 유튜버 박막례 할머니와 손잡고 그녀의 세계관을 제품화한 '막례스토랑'을 열었다. 막례스토랑은 오픈 후 3일 만에 1만 5,000명 정도가 방문했고, F&B 쪽에서는 보기 드문 오픈런과 함께 매출도 기존 공간 대비 4배 더 나왔다고

현대백화점 압구정점 '가스트로 테이블'

출처 현대백화점 보도자료

한다. 또한 현대백화점 압구정점은 지하 1층 식품관을 리뉴얼해 총 28개의 새로운 브랜드를 들였는데 그중 유명 셰프와 협업해 처음 론칭한 브랜드가 8개에 이른다.[10] 이들은 상품과 브랜드를 넘어 그 어디에도 없는 원앤온리 미식 콘텐츠를 소비자에게 제안한 것이다.

　해외에는 이미 공격적인 F&B 운영으로 연쇄 매출 효과를 누리는 백화점이 많다. 런던 셀프리지 백화점 1층에 위치한 'Brasserie of Light' 레스토랑 앤 바는 크리스털로 된 페가수스 모양의 예술작품이 인상적인 곳으로, 특유의 세련되고 웅장한 분위기로 사람들이 일부러 찾아오는 런던의 명소가 되었다. 런던의 대표 백화점 해러즈Harrods도 Harrods Tea Rooms, Harrods Dining Halls 등 차별화한 미식 콘텐츠를 앞세워 2022년 말 F&B

거래 금액이 2019년 대비 약 47% 증가했다.[11]

이처럼 미식 콘텐츠가 매출로 이어지면서 백화점의 콘텐츠 제안 방식도 변하고 있다. 외부 맛집을 아웃소싱하는 것에 그치지 않고 자체 역량을 개발해 맛집을 기획, 운영하며 인소싱하는 것이다. 한마디로 백화점은 맛집 중개자에서 맛집 제안자로 진화 중이다.

미식 콘텐츠가 매출을 일으키는 중요한 트리거 역할을 하면서 백화점은 쇼핑 공간 개념을 넘어 핫플레이스를 대신하는 만남 혹은 여가 장소로 변모하고 있다. 이런 경향은 특히 MZ세대에게 뚜렷이 나타난다. 신한카드 데이터에 따르면 한 달 평균 3번 이상 백화점을 방문하는 2030세대는 성수, 용산 등 주요 핫플레이스를 방문하는 비중(57.0%)이 일반 2030세대(14.1%)에 비해 월등

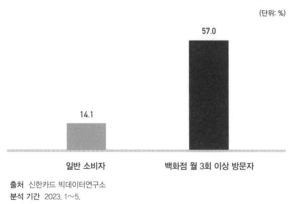

2030세대의 백화점 이용 정도에 따른 핫플레이스 방문 비중

(단위: %)

출처 신한카드 빅데이터연구소
분석 기간 2023. 1~5.

히 높았다. 이들은 백화점을 물건 구매를 위한 장소뿐 아니라 핫플레이스 대체 공간으로 인식하기도 한다. 이제 백화점의 경쟁자는 또 다른 백화점이나 쇼핑몰이 아닌 MZ세대가 시간을 보내고 맛집을 위해 찾아가는 성수동, 용리단길이다.

미식과 함께 요즘 백화점이 힘을 쏟는 영역은 문화 콘텐츠다. 문화 콘텐츠는 사치품을 대신해 자신과 타인을 구별 짓는 대안으로 작용하기도 한다. 프랑스 사회학자 피에르 부르디외는 《구별짓기》에서 '문화자본'의 중요성을 강조하며, 그것을 보유한 정도가 사회적 구별 짓기의 핵심 요소라고 말한다. 문화체육관광부에 따르면 2022년 국내 미술품 유통시장 판매액은 1조 377억 원으로 2021년 대비 약 37.2% 늘어나면서 역대 최대액을 달성했다. 아트·예술 영역이 개인의 취향과 문화 수준을 드러내는 요소로 작용하며 관심이 높아진 덕분이다. 이에 따라 백화점 3사는 순수미술을 전공한 임원들을 중심으로 문화콘텐츠팀, 아트콘텐츠실, 갤러리팀 같은 전문 조직을 만들어 아트 콘텐츠에 힘을 쏟고 있다. 이 같은 전문가 조직을 중심으로 백화점 내에 유명 작가 작품을 전시, 판매하는 아트스페이스를 늘려갈 뿐 아니라 쇼핑 공간에 미술작품을 자연스럽게 노출해 감상에서 판매까지 이어지도록 하고 있다.

대표적으로 롯데백화점은 백화점 갤러리 5곳에서 전시회를 운영하는 동시에 대형 미디어아트 전시관인 '그라운드시소 명동'을 오픈해 주기적으로 새로운 미디어아트를 선보이고 있다.[12]

신세계백화점은 2021년 사업 목적에 '미술품 전시, 판매, 중개, 임대업 및 관련 컨설팅업'을 추가했다. 실제로 신세계백화점 강남점에서는 아트스페이스와 갤러리를 운영하며 전담 큐레이터나 아트딜러에게 작품을 구매, 상담받을 수 있는 서비스를 제공한다.[13] 설계 당시부터 미술품 전시 공간으로 구성한 더현대 서울 6층의 알트원ALT.1은 백화점 오픈과 함께 2년간 약 60만 명이 넘는 관람객이 다녀갔다. 최근 이곳은 프랑스 3대 미술관과 협업해 전시회를 열기도 했다.[14]

아트 영역뿐 아니다. 요즘 백화점들은 책, 음악과 함께 다양한 영역의 문화를 체험할 수 있는 별도 공간을 마련해 문화적 영감을 얻을 기회를 확대하고 있다. 여기에다 문화센터 프로그램을 기반으로 고객이 원하는 맞춤형 강연을 개설하는 등 문화와 예술 콘텐츠를 주도적으로 기획·제공한다. 이처럼 아트 마케팅, 문화 체험 등에 진심인 백화점이 늘어나면서 사람들은 특별한 장소에 가지 않아도 좀 더 편하고 쉽게 예술, 문화 콘텐츠를 접하고 있다. 지금 백화점은 리테일 기능을 줄이고 사람들에게 문화적 영감을 주는 여가, 휴식 공간으로 진화하는 중이다.

미식과 문화 콘텐츠에서 한발 더 나아가 백화점의 공간 자체를 콘텐츠화한 경우도 있다. 더현대 서울은 매주 수요일 직원이 직접 도슨트를 맡아 주요 공간과 운영 노하우를 설명해주는 벤치마킹 투어 프로그램을 운영한다. 미리 신청한 고객을 대상으로 백화점의 주요 공간 콘셉트와 숨은 이야기를 들려주고, VIP

라운지 등 평소에 가보기 어려운 곳에 방문할 기회를 제공해 고객에게 좋은 반응을 얻고 있다. 프랑스 파리의 갤러리 라파예트 백화점은 투어 서비스를 아예 주말 정기 프로그램으로 만들었는데 창립자, 건축양식 등 120년 역사 속에 묻어 있는 라파예트만의 이야기를 들으며 백화점 곳곳을 탐험할 수 있다. 예약과 함께 약 15유로를 내야 하는 유료 프로그램이지만 파리를 방문하는 여행객에게도 입소문이 퍼질 만큼 관심도가 높다. 더현대 서울과 갤러리 라파예트의 투어 프로그램은 백화점 공간 자체를 하나의 건축물 혹은 작품으로 만들어 고객이 좀 더 가까이에서 백화점을 체험하고 느끼게 만든 좋은 사례다.

이처럼 백화점이 리테일 기능을 줄이고 다양한 콘텐츠를 제공하며 공간을 파는 곳으로 변화하자 고객들의 백화점 내 체류 시간과 하루 이용 건수에도 변화가 나타나고 있다. 특히 20대의 변화가 두드러진다. 신한카드 데이터로 2023년 서울 시내 주요 백화점의 연령별 이용 건과 체류 시간을 살펴보면 20대는 하루에 2건 이상 이용한 고객 비중이 2019년 대비 약 5.2%p, 하루 2시간 이상 체류한 고객 비중은 약 2.3%p 증가했다. 다채로운 콘텐츠가 젊은층의 시간을 점유하면서 더 오래 머물게 만들고 그들이 자연스레 더 많이 소비하게 된 것이다.

이제 백화점은 '어디에나 있는'이 아닌 '여기에만 있는' 콘텐츠를 제안하는 공간으로 진화하고 있다. 한때 백화점의 종말이라는 이야기와 함께 존재 자체를 위협받던 이 유통 공간은 더 이

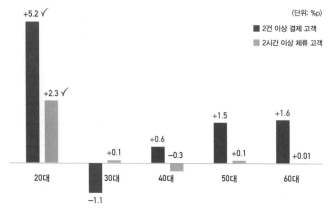

서울 주요 백화점의 연령대별 이용 비중 변화

(단위: %p)

■ 2건 이상 결제 고객
▨ 2시간 이상 체류 고객

출처 신한카드 빅데이터연구소
분석 기간 2019. 1~5. 대비 2023. 1~5.

상 브랜드와 상품을 소싱하는 중개자로 남기를 거부하고 있다. 대신 자신들의 역할을 자체 콘텐츠를 기획·생산하는 크리에이티브 디렉터로 규정하고 사람들의 시간을 점유해가고 있다. 이러한 백화점의 변화는 위기의 시대를 헤쳐가야 하는 오프라인 공간이 선택할 수 있는 또 다른 생존 전략을 보여준다. 그것은 바로 오프라인 공간이 판매자나 중개자가 아니라 크리에이티브 디렉터가 되어 오직 그곳에서만 경험할 수 있는 독점적 콘텐츠를 발굴하고, 이를 매개로 고객에게 매력적인 경험을 제공하는 일이다.

낯선 자극, 낯선 즐거움

생경함과 스토리가 있는 힙한 동네 슈퍼 — 그로서리 스토어

동네 슈퍼가 사라지고 있다. 기업형 슈퍼마켓SSM이 개인이 운영하는 슈퍼마켓을 대체하기 시작하더니 이제는 기업형 슈퍼마켓마저 코로나-19를 겪으며 점포 수가 많이 줄었다. 동네 생활의한 축을 담당하는 슈퍼마켓이 대형 마트와 신선식품 배송 플랫폼 사이에서 어려움을 겪는 가운데, 젊은층을 중심으로 새롭게주목받는 힙한 동네 슈퍼가 있다.

아담한 이 공간은 유럽의 작은 가게를 옮겨놓은 듯한 분위기에다 일반 슈퍼에서 쉽게 볼 수 없는 해외 식자재를 비롯해 아기자기한 소품과 간단한 델리 메뉴에 와인까지 갖추고 있다. 온갖흥미로운 식재료와 구경거리로 가득한 이곳은 동네 힙스터들의사랑방이자 로컬 힙플레이스로 떠오른 그로서리 스토어다.

미국과 유럽에서 식료품, 생활용품, 잡화 등을 판매하는 소매점을 뜻하는 그로서리 스토어는 한국의 슈퍼마켓과 유사한 기능을 한다. 생필품을 소량 구매하는 특별할 것 없는 일상 공간이 유독 한국에서 힙플레이스로 부상해 인기를 끄는 이유는 무엇일까? 한국 그로서리 스토어에는 일반 슈퍼마켓에서 느낄 수 없는생경함이 있다. 유럽에 와 있는 듯한 느낌을 주는 감성 있는 공간에는 해외 각지에서 들여온 생소한 재료와 생필품이 가득하다.그래서인지 이국적인 치즈·살라미·버터 같은 식료품을 비롯해 각종 커트러리, 청소용품, 스테이셔너리까지 평소에 쉽게 접하기 힘든 디자인이나 브랜드의 아이템을 구경하는 재미가 쏠쏠하다.

그로서리 스토어에서 느껴지는 생경함은 우리가 해외여행을 갔을 때 느끼는 감정과 비슷하다. 일상과 다른 장소에서 새로운 풍경, 문화, 사람을 만났을 때 우리는 기분 좋은 에너지를 얻거나 생각이 유연해지고 좁아졌던 시야가 넓어지기도 한다. 이국적인 분위기가 기분 좋은 자극을 주기 때문이다. 우리가 바쁜 일상 중에도 굳이 돈과 시간을 투자해 해외여행을 떠나는 것은 낯선 풍경이 주는 매력이 강해서다. 같은 맥락에서 그로서리 스토어는 간편하고 손쉬운 방법으로 일상 속 비일상을 경험하게 해주는 기분 좋은 공간이라 할 수 있다.

그뿐 아니라 그로서리 스토어에는 각 공간만의 소소하고 흥미로운 스토리가 있다. 그것은 가게를 연 배경, 식자재를 조달하고 만드는 방식, 가게에서 사랑받는 시그니처 제품까지 다양하다. 각 매장의 고유한 스토리를 알아가다 보면 그 공간이 특별하게 느껴진다. 생활 밀착형 동네 플랫폼을 지향하는 보마켓은 2014년 남산 끝자락에 살던 유보라 대표가 동네에서 편하게 갈만한 식료품점이 없어 직접 오픈한 그로서리 스토어다. 어린 시절 갈 때마다 기분 좋았던 수입 과자가게를 떠올리며 수입 식료품과 생활용품을 팔기 시작한 게 오픈 계기다. 지금은 지점마다 각기 다른 색깔을 지향하며 동네의 일상을 담는 대표적인 브랜드이자 생활 플랫폼으로 부상했다.

직접 만든 식료품으로 유명한 망원동의 아틀리에 크레타는 '예술가의 작업실'이라는 뜻을 지닌 곳으로 2018년 온라인으로 판매한 수제 그래놀라가 인기를 끌면서 문을 열었다. 매일 만드는 수제 타르타르 소스, 바닐라 시럽, 쪽파 크림치즈 등 크레타에서만 구매할 수 있는 시그니처 제품으로 유명하다. 오마카세 스타일로 사장님이 직접 금액대에 맞춰 만들어주는 기프트 세트도 크레타에서만 경험할 수 있는 서비스다.[15] 개개인의 목적과 선물 대상에 맞춰 만들어주는 사장님의 취향과 센스가 담긴 기프트 세트가 크레타만의 고유한 콘텐츠이자 스토리가 된 것이다.

그로서리 스토어는 이국적인 제품과 각 매장의 유니크함 덕분인지 그 성장을 신한카드 데이터로도 확인할 수 있다. 2023년 1~5월 주요 그로서리 스토어의 이용 건수, 금액, 건당 금액은 전년 동기 대비 눈에 띄게 증가했다.

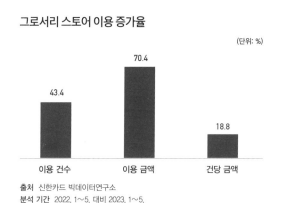

그로서리 스토어 이용 증가율

(단위: %)

- 이용 건수: 43.4
- 이용 금액: 70.4
- 건당 금액: 18.8

출처 신한카드 빅데이터연구소
분석 기간 2022. 1~5. 대비 2023. 1~5.

그로서리 스토어의 주요 소비층은 누구일까? 일반 슈퍼마켓은 4060세대 비중이 대부분을 차지하는 반면 그로서리 스토어는 30대 비중이 40.7%로 월등히 높다. 2030세대 이용 비중도 일반 슈퍼마켓 대비 32.5%p나 높게 나타났다. MZ세대로 불리는 이들은 어릴 적부터 다양한 온·오프라인 채널에서 문화, 예술 콘텐츠를 많이 접한 까닭에 감수성이 풍부하고 스토리에 보이는 관심과 몰입감이 뛰어나다. 그뿐 아니라 어릴 때부터 해외여행을 갈 기회가 많았기에 그로서리 스토어에서 느끼는 생경함과 낯선 자극은 충분히 매력적일 수 있다.

슈퍼마켓 vs. 그로서리 스토어 이용자 구성

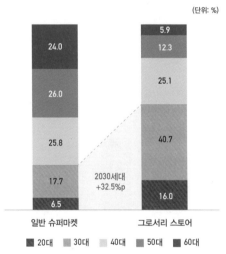

출처 신한카드 빅데이터연구소
분석 기간 2023. 1~5.

마치 해외에 온 듯한 감성 넘치는 인테리어부터 상품 구색, 진열 방식, 사장님의 개인 스토리까지 각 매장만의 고유한 분위기를 전달하는 그로서리 스토어의 매력은 편리나 효용과 비교할 수 없는 또 다른 차원의 경험이자 체험이다. 젊은층에게 사랑받기 시작한 그로서리 스토어처럼 다른 어디에서도 느낄 수 없는 그 매장만의 고유한 색깔과 스토리가 있으면 어떤 위기 속에서도 사람들의 발걸음을 끌어당길 수 있다.

고객 입장에서 플레이그라운드를 만들어라

소비의 주요 축을 담당하던 오프라인 매장의 공간성이 변화하고 있다. 무엇보다 디지털 기술을 기반으로 불필요한 요소는 압축하고 오프라인만 줄 수 있는 강점은 다양한 형태의 콘텐츠로 변형해 사람들의 시간을 점유한다. 앞서 살펴본 매장 무인화, 로봇과의 공존, 킬러 서비스 중심의 콤팩트 매장은 디지털을 기반으로 불필요한 접촉·공간·서비스를 압축해 소비자에게 편리하고 효율적인 소비 환경을 제공한다. 매력적인 콘텐츠와 생경함으로 소비자의 시간을 점유한 백화점과 그로서리 스토어는 오감을 극대화한 예다.

언뜻 두 방향성은 상반된 듯하지만 그 중심에는 고객이라는 공통 맥락이 있다. 결국 디지털 기술과 감각을 고객의 필요와 욕구에 얼마나 최적화하는지가 공간 생존의 핵심이다. 화려한 디지털 기술로 무장한 공간도 그 기술이 소비자에게 낯선 불편함이나 부담감으로 다가가면 그것은 무용

지물이 된다. 각종 콘텐츠와 매력적인 콘셉트를 제안하는 공간도 해당 콘텐츠가 소비자의 몰입을 유도할 만큼 강한 임팩트로 다가가지 못하면 역시나 불필요한 콘텐츠 낭비일 뿐이다. 오프라인이 계속해서 생존하려면 고객을 세심하게 관찰해 그들의 불편함을 적정한 기술로 해결하고, 고객의 욕구를 세밀하게 포착해 몰입할 수 있는 콘텐츠를 만들어야 한다. 고객의 불편과 욕망을 기술과 콘텐츠로 해소해줄 때 그곳은 공간 자체로 가치를 지닌다.

원씽을 찾아 집중하고 파고든다

공간 설계 전문가 유정수 글로우서울 대표는 공간을 특별하게 만들어 사람들의 발길을 이끄는 요소를 '원더wonder'라고 부르는데, 그 원더가 사람을 끌어모으는 힘이라고 말한다. 실제로 글로우서울이 기획한 잠실의 소피텔 앰배서더 호텔은 원더를 '감각적 체험을 제공하는 호캉스'에 두고 머무는 객실보다 수영장, 로비, 레스토랑 등 부대시설에 힘을 줬다고 한다. 다양한 체험과 놀거리를 제공하는 공간이라는 구체적인 아이덴티티에 걸맞게 숙박 기능을 담당하는 객실의 힘을 덜어내고, 아름답고 퀄리티 높은 부대시설을 만드는 데 집중한 것이다.

유정수 대표가 말하는 원더의 맥락은 결국 공간으로 고객에게 어떤 '가치'를 제공할 것인지로 이어진다. 공간을 기획하고 설계할 때부터 소비자에게 어떤 가치를 제공할 것인지 뾰족하고 구체적으로 결정하는 것이 곧 꾸준히 사랑받는 공간의 출발점이다. 그 가치는 디지털 기술에 기반한 편리함과 효율 극대화일 수도 있고, 매력적인 콘텐츠를 토대로 한 감각적 체험일 수도 있다. 기획하고 설계하는 공간의 가치가 무엇이든 그 가치를 명확히 하고 선택과 집중으로 공간의 퀄리티를 높이는 것이 고객 만족을 극대화하는 방법이다.

공간의 몰입도를 높여주는 고객 경험 '의외성'

어떤 가치에 집중할 것인지 정했다면 그다음에는 그 가치를 고객에게 어떻게 구현하고 제시할 것인지 고민해야 한다. 가치 구현 과정에서는 사람들이 공간이 제시하는 가치를 불편함 없이 제대로 느끼도록 해주는 고객 경험이 중요하다. 사람들의 공간 몰입도를 높이고 기억에 남을 만한 경험을 선사하려면 예상을 뛰어넘는 '의외성'이 필요하다.

앞서 살펴본 오프라인 공간들의 공통점에는 의외성도 있다. 사람과 로봇이 공존하는 음식점, 커피 문화의 상징인 스타벅스의 빠르고 컴팩트한 서비스, 대표적인 쇼핑 공간인 백화점의 다채로운 미식·문화 콘텐츠 모두 전형적인 틀을 벗어난 의외성 요소를 갖추고 있다. 의외성은 예상치 못한 놀라움과 재미를 넘어 감동으로 이어질 수 있다. 생일 등 기념일에 받는 선물보다 평범한 날에 받는 서프라이즈한 선물이 더 감동적인 것처럼 의외성은 놀라움 그 이상의 감정을 선사한다.

더구나 사람들은 자신이 경험한 그 기분 좋은 놀라움을 이야기하고 싶어 한다. 기업이 홍보하지 않아도 고객은 자신이 받은 감동과 놀라움을 이야기하면서 자연스럽게 우리 공간을 소개한다. 결국 우리가 전하고자 하는 가치를 의외성과 연결해 고객에게 전하는 것이 살아남는 오프라인 공간의 또 다른 핵심이다.

누군가는 여전히 오프라인 공간이 위기에 처했다고 말한다. 그렇지만 시대 흐름을 면밀하게 파악하고 시류에 맞춰 진화한 공간은 계속해서 많은 사람이 찾는 공간으로 굳건하게 존재한다. 진짜 위기감을 느껴야 할 대상은 시대 변화에도 불구하고 과거 모습에 그대로 머물러 있는 공간이다. 시대가 무엇을 원하는지, 고객이 어떤 부분에 불편을 느끼는지, 고객에게 어떤 욕구가 있는지, 세심하고 디테일하게 파악하는 공간만 끝까지 도태되지 않고 많은 사람에게 사랑받는 공간으로 남을 것이다.

PART 5

공간 탄생

사람의 마음을 사는
새로운 가치와
느낌을 창조한다

존재하지 않던 공간의 장르

출근길 서울 지하철 2호선 6-4칸은 단지 이동하기 위한 공간일까? 영등포구 당산역에서 중구 을지로3가역까지 가는 동안 행정 구역만 달라지는 것일까? 해외 직구 플랫폼 매치스패션(matchesfashion.com)에서 신발을 고르는 사람에게 붐비는 버스 안은 백화점일 수 있다. 디즈니플러스로 〈가디언즈 오브 갤럭시 3〉를 보는 사람에게 지하철 안은 영화관일 수 있다. 손 안에 스마트폰이 있으면 우리는 온라인 세상에서 어디든 갈 수 있다.

이동에 제약이 없는 온라인 세상은 새로운 기회를 끝없이 발굴할 수 있는 영역이다. 생활의 주요 행위가 가능성이 무한한 온라인 세상으로 이전할 때마다 새로운 비즈니스 기회가 열렸다. 지금은 소통도, 쇼핑도, 심지어 화폐까지도 디지털화하고 있다. 팬데믹 기간 동안 물리적 공간의 행위들이 빠르게 온라인으로 이전했다. 사람들이 '대면'을 '전염'과 동의어로 인식했기 때문이다.

2008년 개봉한 픽사 스튜디오의 영화 〈월-E〉에는 환경이 오염된 지구를 떠나 거대우주선 엑시엄Axiom에서 사는 사람들이 등장한다. 그 우주선 속 사람들은 1인용 이동 장치에 실려 다니면서 자동화한 서비스에 의존하며 산다. 그리고 물리적 활동 대신 화면으로 커뮤니케이션하며 일상을 보낸다. 바이러스 창궐로 오프라인 매장이 봉쇄되고 우리의 생활이 온라인에 집중될 수밖에 없던 코로나-19 상황과 유사한 맥락이다.

팬데믹 시기에 효율적인 비대면 상황을 구성하는 온라인의 강점은 더욱 도드라졌고, 특히 초연결과 편리성을 강조하면서 비대면 처리가 가능한 업무와 서비스 영역은 한계 없이 확장되었다. 심지어 오프라인에서만 가능하다고 여기던 영역마저 온라인으로 옮겨갔다. 비대면 진료, 졸업식, 집들이, 콘서트, 팬 사인회가 대표적이다. 사람들이 이러한 경험을 하면서 오프라인의 필요성에 보이는 의구심과 온라인의 전능함을 확신하는 풍조가 동시에 팽배해졌다. 그동안 주로 온라인에서 강조하던 편리함, 접근성, 소통과 교류 확장이 우리가 사는 세계의 지향점으로 여겨지기까지 했다.

모든 것이 연결되면서 일 처리 속도는 더 빠르고, 간단하고, 수월해졌다. 하지만 온라인은 전능하지 않았다. 영화 〈월-E〉의 우주선 속 사람들이 결국 1인용 이동 장치를 벗어나 '진짜 경험'과 '물리적 활동'을 선택한 것처럼, 팬데믹 시기에 우리는 비대면이 아닌 대면과 접촉에 목말라했다. 코로나-19 공포가 전 세계를 지배하던 2020년 5월 이탈리아의 세계적인 성악가 안드레아 보첼리는 텅 빈 밀라노 두오모 대성당에서 'Music for Hope'라는 주제로 비대면 라이브 공연을 진행했다. 그 대상은 전 세계인이었다. 성스럽고, 감동적이고, 아름다운 순간이었지만 실제 콘서트의 열광과 환희를 대체할 수는 없었다. 전 세계 언어로 '어서 코로나-19가 끝나서 실제로 들을 날을 기대해요'라는 댓글 행렬이 이어졌다. 비대면 콘서트는 접근은 쉬워도 현장에서 직접 듣는 생생함은 구현할 수 없다. 비대면 팬 사인회가 좋아하는 아이돌과 실제로 마주하는 설렘을 대체할 수 있을까?

팬데믹이 부추긴 디지털 혁명은 역설적으로 오프라인 공간을 향한 향수를 불러일으켰다. 다시 말해 팬데믹은 오히려 랜선 밖, 그러니까 실체가 있는 세계의 중요성과 필요성이 두드러지는 계기가 되었다.

비대면을 경험하면서 사람들은 역설적으로 오프라인 공간에서 기대하는 바를 더 명확히 재설정했다. 어떤 영역은 온라인상의 편리성에 익숙해져 물리적 공간의 영향력이 감소했다. 또 어떤 영역은 온라인상의 경험에 한계를 느껴 반대로 더 강렬한 수요를 창출했다. 이제 우리가 발을 딛고 살아가는 공간은 온라인 개념이 등장하기 이전과 완전히 차원이 다르다. 팬데믹이 지나간 뒤 문밖은 다른 세상으로 변화하고 있다. 그만큼 실체가 있는 오프라인 공간은 새로운 역할을 요구받고 있다.

온라인과 오프라인은 공간 구성 방식을 공유한다. 홈페이지의 'home'은 우리가 사는 세상의 기본 건축 단위인 집이라는 공간이고 이것은 채팅방의 '방'도 마찬가지다. 이처럼 온·오프라인은 공간 구성 메커니즘을 서로 동기화하며 발전하고 있다. 지금 두 공간의 최대 화두는 플랫폼이다. 플랫폼이란 '이용자들이 모여 가치를 주고받는 공간이나 구조'를 말한다. 그러면 플랫폼 비즈니스는 '이용자들이 모여 제품·서비스·정보를 교환하면서 새로운 가치를 창출하는 사업'이라고 할 수 있다.

크리에이터들이 유튜브에서 콘텐츠를 생산해 새로운 가치를 교환하고, 다양한 국적과 장르의 콘텐츠가 넷플릭스에 모여 새로운 가치를 창출하는 것처럼 오프라인 공간도 플랫폼화하고 있다. 다시 말해 '역에서 기차를 타고 내리는 플랫폼'에서 '온라인에서 활발하게 유통을 담당하는 플랫폼' 개념으로 바뀌어 공간을 구성하는 콘텐츠를 채우고 있다. 넷플릭스와 유튜브 플랫폼들이 그러하듯, 오프라인 플랫폼들도 시대와 사용자에 맞춘 새로운 장르의 콘텐츠를 만들고 있다. 지금 가장 인기 있는 장르는 온라인에서는 충족할 수 없고 오직 오프라인 세계에서만 경험이 가능한 차별점이 선명한 양식이다.

온라인 공간이 오프라인 공간의 물리적 한계와 제약을 뛰어넘으며 발전한 것처럼, 오프라인 공간은 온라인 공간에서 충족할 수 없는 부분을 강조하며 발전하고 있다. 편리함과 접근성에서 온라인보다 열위에 있는 오프라인의 호소력은 생생한 감각과 대면성, 자율성을 바탕으로 풍부하고 입체적인 진짜 경험에 기반한다.

온라인과 오프라인의 공간 비교

온라인의 공간적 한계	오프라인의 공간적 강점
시청각 감각에 집중	모든 감각을 느낄 수 있음
디바이스 같은 매개 필요	매개가 필요 없는 직접적인 공간
시선과 동선이 스크린에 고정	시선과 동선이 자유로움

요즘 인기 있는 오프라인 공간은 우연성과 인간성을 바탕으로 한 교감을 느낄 수 있는 곳이다. 온라인에서는 한계가 명확한 가치다. 이런 특징을 가장 잘 드러내는 공간은 어디일까?

오프라인 공간의 용도를 바꾼 것은 팬데믹만이 아니다. 사람들이 먹고 놀고 사는 방식이 변화한 것도 오프라인의 '공간성'을 바꾸는 데 영향을 끼쳤다. 그러니까 팬데믹과 변화한 소비 맥락이 맞물리면서 공간의 용도가 완전히 바뀐 것이다.

공간 변화에 주요한 영향을 끼친 소비 맥락은 소비가 자기 표현의 수단이라는 점이다. 무엇을 얼마에 샀는지보다, 어디에서 어떻게 소비했는지도 자신을 표현한다. 소비는 생계나 의무를 수행하는 데 '필요'한 물건을 구매하는 행위에 머물지 않는다. 소비는 자기 표현 방식이자 자신의 정체성을 완성하는 행위다. 이런 맥락에서 상품의 기능과 상품을 파는 장소의 성격이 달라졌다. 상품의 주요 기능은 가격이나 스펙처럼 수치화할 수 없는 것에 집중한다. 브랜딩은 수치화할 수 없는 것으로 차별화하기 위해 '감성'이란 가치를 내세우며 입체적·구체적으로 진화한다.

그래서 물건 사는 방식도, 사는 장소도 달라진다. 나를 표현할 수 있는 브랜드 제품을 사고, 나를 표현할 수 있는 곳에서 소비한다. 상품도 장소도 모두 소비자의 자기 표현이다. 이에 따라 소비자를 주인공으로 만드는 데 기여할 수 있는지가 중요해진다. 이 관점에서 소비자가 찾는 장소는 그들이 나다움을 표현할 수 있는 공간, 즉 그들을 주인공으로 만들어주는 공간이다.

당연히 주인공이 된 소비자를 맞는 리테일 매장의 역할은 달라질 수밖에 없다. 그 결과 단순한 셀링이 아닌 소비자의 니즈를 겨냥한 브랜딩에 초점을 맞춘 브랜드 공간이 계속 생기고 있다. 덕분에 한동안 모든 활동에 '랜선'과 '디지털'이라는 접두사를 붙이던 마케팅 활동들이 다시 오프라인을 주목하고 있다. 랜선으로 접촉하고 디지털 콘텐츠의 차별화를 외치던 마케팅 활동이 다시 오프라인으로 향하고 있다.

사람들이 자신을 표현하기 위해 선택하는 소비 품목과 소비 장소도 변화하고 있다. 온라인에서 살 수 없는 것이 바로 '공간 경험'이다. 통계청에서 발표한 2023년 1분기 가계 동향 조사 결과를 보면 소비 지출 구성비 중 음식·숙박, 오락·문화 지출이 2022년 동기 대비 증가한 것으로 나타났다. 엔데믹, 리오프닝(경제 활동 재개) 같은 특수 상황으로 사람들이 오프라인의 일상을 회복하려 했을 때 가장 먼저 음식·숙박, 오락·문화 구간의 지출을 늘렸다는 것은 그들이 지금 어떤 장소에서 자신을 표현하고 싶어 하는지 구체적으로 보여준다.

지금껏 숙박은 대부분 여행지에서 머묾을 위한 장소였다. 코로나-19의 영향으로 해외여행 발길이 묶이자 여행지의 선택지는 줄고 숙박 공간의 존재감은 커졌다. 지금 소비자는 임시거처 개념이 아니라 머물고 누리는 공간이라는 목적지 관점으로 숙박을 선택하고 있다. 여행과 숙박은 비대면이나 온라인으로 재현하기 힘든 경험이기에 물리적 장소로서의 희귀함은 더욱 빛을

소비 지출 구성비

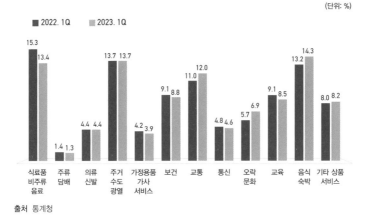

(단위: %)

■ 2022. 1Q ■ 2023. 1Q

항목	2022.1Q	2023.1Q
식료품 비주류 음료	15.3	13.4
주류 담배	1.4	1.3
의류 신발	4.4	4.4
주거 수도 광열	13.7	13.7
가정용품 가사 서비스	4.2	3.9
보건	9.1	8.8
교통	11.0	12.0
통신	4.8	4.6
오락 문화	5.7	6.9
교육	9.1	8.5
음식 숙박	13.2	14.3
기타 상품 서비스	8.0	8.2

출처 통계청

발한다.

　여가·문화 공간 역시 점점 더 중요해지고 있다. 20세기와 21세기의 소비 화두가 소유에서 경험으로 바뀌면서 '무엇을 샀는가'보다 '어떻게 놀았는가'가 중요해졌다. 소비 패턴이 무엇을 갖는 소비에서 자기를 표현하는 소비로 이동한 것은 자명하다. 'PART 1. 시간 재구성'에서도 언급했듯 2022년 6월 진행한 신한카드의 자체 설문조사에서 향후 코로나-19가 종식되면 소비를 가장 많이 늘릴 것으로 예상하는 분야는 여가·문화로 나타났다. 실제로 여가·문화를 위한 소비와 지출은 계속 증가할 전망이다.

　통계청의 같은 조사에 따르면 소득 5분위별 소비 지출 구성비에서 소득 분위가 올라갈수록 오락·문화 지출이 증가함을 확인할 수 있다. 'PART 1. 시간 재구성'에서도 노동 시간이 줄어들면 사람들이 가장 관심을 보일 분야로 오락·문화 공간을 말한 바 있다. 다만 평일의 여가는 대체로 온라인 콘텐츠 소비에 주목하고 있다. 그러면 휴일의 여가는 어디로 향하고 있을까? 바로 다양한 문화 콘텐츠를 제공하는 문화와 예술 공간이다. 따라서 이러한 공간이 여가 공간으로 인기 끄는 요인을 더 깊이 관찰해봐야 한다.

식음 공간이 주목받는 이유는 핫플레이스의 담론과 함께 'PART 3. 공간 재생'에서 소개했기에 여기서는 브랜드 공간, 숙박 공간, 예술 공간이 어떻게 탄생하고 있는지에 집중하겠다. 매장 기능과 마케팅 무대가 온라인과 디지털로 옮겨간 시대의 '브랜드 공간', 온라인으로 전 세계를 여행할 수 있음에도 계속 수요가 늘어나고 있는 '숙박 공간', 엔터테인 콘텐츠가 범람하는 시대에도 여가 공간으로 인기를 끄는 '예술 공간'이 그것이다.

이 세 공간은 생계나 의무를 위해 필수로 방문해야 하는 곳이 아니다. 이 공간은 온라인에서 경험할 수 없는 여가 공간이자 감각과 감성의 소비처로 우리의 정서를 풍요롭게 만든다. 사람들은 이제 더 이상 매장에서 물건을 사려고 집을 나서지 않는다. 대신 자신을 적극 표현하고 자신이 주인공이 되어 무대에 오르는 경험을 하려고 집을 나선다. 그들은 플랫폼이 된 공간에서 '새로운 인기 장르'로 급부상하는 콘텐츠 속 주인공이 되길 원한다. 그들이 원하는 것이 무대라면 우리는 어떤 태도로 그들을 맞이해야 할까?

브랜드 공간: 사는 곳이 아니라 하는 곳

판매하는 곳에서 경험하는 곳으로

이제 인류 역사를 바꾼 사과 3개에 4번째 사과를 추가해야 한다. 아담과 이브의 사과, 물리학자 뉴턴의 사과, 화가 세잔의 사과는 종교·과학·예술의 본질적 인식을 바꾸면서 세상 변화를 이끌었다. 지금 우리는 4번째 사과가 바꾼 세상에서 산다. 바로 애플사의 사과다. 스티브 잡스가 키노트에서 "이게 바로 아이폰입니다"라며 선보인 사과가 박힌 전설적인 스마트폰이 세상을 얼마나 바꿨는지는 굳이 설명을 덧붙이지 않아도 되리라. 전 인류는 잡스가 바꾼 변혁의 시기를 체감하며 살아가고 있다.

세상을 바꾼 네 번째 사과인 애플의 한국 공식 사이트에서 '매장 찾기'를 누르면 이런 문구가 나온다. "Apple의 진짜 매력을 경험할 수 있는 Apple 매장." 아이러니하게도 우리가 가상 세계로 이주하는 데 가장 큰 공을 세운 애플의 진짜 매력은 온라인이 아니라 서울 명동, 가로수길, 강남, 여의도, 잠실 등의 '매장'에서 경험할 수 있다는 말이다. 애플을 브랜딩할 무렵 잡스는 애플을 혁신하려면 무엇보다 오프라인 스토어 차별화가 필요하다고 판단했다. 애플의 리테일 담당 부사장이었던 론 존슨은 애플의 혁신을 보여주고 인정받으려면 오프라인 스토어가 판매 접점이 되어야 한다고 강조했다.

심지어 애플 매장은 애플 제품을 할인 없이 파는 공간이다. 쿠팡에서 카드할인 혜택을 받아 사면 애플 매장보다 훨씬 더 저렴한 가격으로 다음 날 제품을 받아볼 수 있지만 애플 매장은 언제나 인산인해다. 새로운 아이폰을 출시하는 날에는 개장 전 매장 문 앞에 긴 줄이 늘어서기까지 한다.

애플은 플래그십 스토어의 역할과 목적을 정확히 알고 있다. 바로 소비자를 만나는 고객 접점에서만 가능한 '호소력'이다. 애플 매장을 방문한 모든 사람이 그 자리에서 제품을 구매하는 건 아니다. 하지만 애플 매장을 방문한 모든 사람은 애플을 경험한다. 그것도 아주 입체적인 방식으로 말이다. 그들은 애플을 만져보고, 사용해보고, 매장 고유의 분위기를 느끼면서 브랜드가 내뿜는 오라aura를 흡수한다. 이는 고객이 '하게 함'으로써 '사게 하는' 전략이다.

납작한 스크린 속에서 조금이라도 더 많은 시선과 시간을 끌기 위해 고군분투하는 브랜드들이 가장 원하는 호소력과 몰입력은 스크린 밖에서 더 강력하게 작용한다는 점을 잡스는 알고 있었다. 지금 브랜드들은 거대한 광고 네트워크가 포화 상태인 스크린에서 나와 차별화를 위해 직접 고객을 만나는 데 다른 어느 때보다 적극적이다.

가장 대표적인 사례는 앞서 살펴본 플래그십 스토어와 팝업 스토어다. 플래그십 스토어는 일반 매장과 정체성이 다르다. 다른 매장과 달리 브랜드의 정수를 공간으로 구현한 상징적 매장이다. 지금까지는 주로 명품 브랜드나 나이키, 아디다스 같은 글로벌 빅 브랜드가 주요 대도시에 거점 형식으로 플래그십 스토어를 만들었다. 이제는 브랜드 규모에 상관없이 브랜드 정체성을 강화하기 위한 쇼룸이자 브랜딩의 일환으로 플래그십 스토어를 연다.

온라인에서 '고자극 숏폼 콘텐츠'가 유행하는 것처럼 오프라인에서도 '숏폼 콘텐츠' 형식이 중요해지고 있다. 그 대표적인 것이 팝업 스토어다. 제한된 규모, 한정된 기간에 고자극 감각을 제공하는 팝업이 브랜드가 소비자를 만나는 접점 공간으로 떠오른 것이다. 팝업은 사실 PC 화면에서 존재감이 뚜렷한 키워드다. 우리가 흔히 아는 팝업은 웹 브라우징 경험 중 예기치 않게 열리는 창이다. 책을 펼칠 때 준비한 그림이 입체적으로 '팡' 떠오르는 팝업북처럼, 브라우저를 열면 해당 도메인의 주인들이 알리려는 사실이나 중요한 이벤트를 팝업에 적어 띄운 것이 팝콘처럼 터진다. 매번 닫기를 누르기도 귀찮아진 사람들은 크롬의 설정 창에서 '팝업 차단' 버튼을 눌러 심신의 평화를 얻는다.

그런데 지금 차단 버튼을 누를 수도 없는 오프라인 공간에서 팝업이 숱하게 열리고 있다. 팝업 스토어는 말 그대로 특정 주제를 일정 기간만 팝업pop-up해 임시 상점을 여는 마케팅 활동의 일환이다. 2023년 6월 성수동에서 10~11일 주말 이틀간 열린 팝업 스토어가 43개나 된다.[1] 2021년 1월부터 2022년 12월까지 더현대 서울 팝업 스토어를 분석한 디지털 리포트《POP-UP SEOUL》VOL.2에 따르면 더현대 서울에서 2년간 열린 팝업 스토어가 321

개로 이틀에 한 번꼴로 열렸다.[2] Z세대 트렌드 미디어 캐릿의 조사에 따르면 요즘 팝업 스토어에 방문한 적 있느냐는 질문에 Z세대의 97.2%가 그렇다고 대답했다. 그중 43.1%가 외출 다섯 번당한 번꼴로 팝업 스토어를 방문한다고 답했다.[3] 외출할 때마다 팝업 스토어를 방문하는 사람이 8.5%나 된다는 것 역시 눈여겨볼지점이다. 요즘 20대의 데이트 공식은 '밥 먹고 영화 보고 커피마시는 것'이 아니라 '밥 먹고 팝업 가고 카페에 가는 것'으로 바뀌었다.

모든 온·오프라인 공간의 최대 화두는 이것이다. 어떻게 사람을 끌어모을 수 있을까? 알파세대가 태어나기 전인 2000년 초, '선영아 사랑해'라고 적힌 벽보가 서울 시내 곳곳에 붙어 있었다. 사람들은 선영이가 누구인지, 벽보의 정체가 무엇인지 궁금해했다. 이는 매일 새로운 사이트가 생기는 격변의 닷컴 열풍 시대에한 포털 사이트가 '선영아 사랑해'라는 노이즈 마케팅으로 존재감을 드러내고자 한 것이다. 그들은 사람을 온라인 세상으로 끌어모으기 위해 그렇게 오프라인 거리를 공략했다.

2023년은 사정이 다르다. 오히려 사람을 오프라인 공간으로끌어모으기 위해 온라인을 공략하고 있다. '지금 꼭 가봐야 할 플래그십 TOP 5' '금주에 난리난 팝업 스토어 TOP 5' 같은 썸네일이나 카드뉴스가 소셜 미디어에 넘친다. 공간 정보 계정도 소셜미디어에서 수만 팔로워를 자랑하며 승승장구하고 있다. 특정지역만 담당하는 '로컬' 전문 인플루언서들도 나타난다. 소비자는 자발적 혹은 적극적으로 오프라인의 브랜드 공간을 찾아가려 한다. 새로운 경험에 목마른 소비자들은 흥미로운 공간이면 아무리 멀어도, 교통편이 나빠도, 심지어 지하에 있어도 찾아간다. 재밌게도 공간 홍보는 온라인으로 이뤄지지만 실제 트래픽은 오프라인 공간에서 발생한다.

2023년 6월, 세계적인 게임 회사 블리자드는 디아블로 출시 전 역사 내 승강장을 활용해 디아블로4 체험존 '헬스테이션'을 운영했다. 장소는 온라인이 아니라 진짜 지하철역인 영등포시장역이다. 온라인 게임을 홍보하기 위해 지하로 사람을 부른 것이다. 이들은 사용하지 않는 영등포시장역 일부를 피로 칠갑한 벽, 손전등을 켜야 겨우 확보할 수 있는 시야 등 공포 분위기를 극대화한 체험 공간으로 구성했다. 참가자는 영등포시장역에서 발생한 정체불명 사건의 현장 증거를 모아야 한다. 가상 체험이라는 콘텐츠 특성을 극대화해 비현실적 경험을 제공하는 게임 역시 실감과 체험 효과 측면에서 현실 세계를 따라올 수 없다. 그래서 이들은 팝업 성격을 띤 체험존으로 오프라인 이벤트를 진행해 소비자에게 압도적인 몰입감을 전달한 것이다.

디아블로4의 팝업 스토어는 축축함과 눅눅함, 쾌적함과 상쾌함, 어두움과 흔들림 등 디지털 세계에서 제거한 공간 감각을 제공함으로써 하나의 독립적인 상황을 만들어 인기를 끌었다. 이것은 사람들이 직접 공간을 찾아가는 이유는 일상과 다른 상황에 몰입하기 위함임을 보여주는 감각적 사례다.

지금은 모든 게 브랜드화하는 시대다. 브랜드화를 위해서는 '이름을 알려야 하는 모든 대상'을 향해 자신의 목소리를 전달해야 하는데, 가장 효과적인 채널로 공간을 선택하는 사례가 늘고 있다. 영화, 셀럽, 웹툰, 방송 등도 하나의 브랜드로서 자신의 메시지와 영향력을 세상에 알리기 위해 오프라인 공간을 적극 활용한다. 어떠한 매개도 없이 고객을 직접 만나 그들이 새로운 상황에 몰입하게 하고, 이를 바탕으로 그들이 무언가를 하게 하는 것이 공간의 탁월한 힘이다. '하는 공간'은 더 입체적이고 풍부한 경험과 추억을 제공하면서 고객에게 메시지를 전달한다. 그리고 그렇게 전달한 메시지는 잠재고객의 구매에 기여한다.

주인공은 상품에서 고객으로

대한민국에서 공간을 기획해본 사람이면 누구나 고백하는 지병이 있는데, 바로 '츠타야 병'이다. 정확히는 '다이칸야마 T-SITE 츠타야' 병이다. 츠타야 서점은 모두가 오프라인 공간의 미래를 암담하게 예측할 때, '라이프스타일 큐레이션' '라이프스타일 편집숍'이라는 공간 기획으로 사람들의 영감을 자극했다. 츠타야의 K-버전을 만들고 싶다는 열망을 품은 대한민국 유통가는 라이프스타일과 편집숍이라는 단어를 빠르게 흡수하고 K-버전 츠타야를 신속히 재생산했다. 지금 대한민국에 복합문화공간, 라이프스타일 편집숍이 얼마나 많이 생겨났는지 떠올려보면 그 영향력과 그걸 흡수한 한국의 실행력에 감탄할 수밖에 없다.

츠타야를 기획한 마스다 무네아키가 공간을 바라보는 시야는 단순히 라이프스타일 편집숍이라는 공간 구성에 머물지 않았다. 그는 좀 더 거시적 관점에서 고객의 생활과 경험을 설계하고자 했다. 그가 다이칸야마 츠타야 서점을 기획하면서 "고객이 주차장에 차를 대고 자동차에서 내리는 순간부터 그들의 뺨에 닿는 상쾌한 바람의 감각까지 설계하고 싶다"라고 말한 지점은 공간과 고객을 이해하는 그의 남다른 깊이를 보여준다. 뺨에 닿는 바람, 코를 자극하는 익숙한 커피 향기, 적당히 따뜻한 햇살처럼 기분 좋은 생활에 꼭 필요하지만 온라인에서는 절대 경험할 수 없는 것을 구상하는 게 상황을 기획하는 첫 단추다.

미국 럭셔리 패션 브랜드 코치는 압도적인 상황을 설계해 화제를 모았다. 2023년 6월 코치는 유네스코 유산 도시인 말레이시아 말라카의 인기 명소 에이파모사 아울렛에 항공 여행을 모티프로 한 팝업 스토어 '코치 에어웨이스'를 열었다. 팝업 장소는 우리가 흔히 생각하는 아울렛 내 임시 공간이 아니라 진짜 비행기 안이었다.

이들은 보잉 747 내부에 레트로 컬러와 1970년대 항공 여행의 황금기를 반영한 건축 요소를 결합해 이를 프린트로 재구성한 컬렉션을 전시했다. 이 팝업 스토어를 방문하는 고객은 단순히 팝업 스토어에 들어간 게 아니라 비행과 여행이라는 전혀 다른 상황을 경험한다. 진짜 비행기에 탑승해 코치 브랜드와 함께 여행한 듯한 경험과 상황은 코치가 만든 그 어떤 광고보다 더 강렬하게 브랜드의 메시지를 전달한다.

비행기나 여행 같은 비일상적 소재는 팝업 스토어로 강렬한 경험을 제공하기에 적합하다. 일상에서 흔히 접할 수 없는 상황이나 장소를 경험하려 하는 심리를 효과적으로 자극하기 때문이다. 나무증권도 해외 주식투자를 홍보하기 위해 해외 투자 여행을 콘셉트로 더현대 서울에 '도심 속 공항'을 오픈했다.

이들은 출국장에서 여권과 티켓을 발권하고 보안 검색대, 환전소를 거쳐 대한항공과 연계한 진짜 퍼스트클래스 좌석을 구현해 사람들에게 '찍을 거리'와 색다른 경험을 제공했다. 팝업 스토어를 리뷰하는 각종 매체에서는 나무증권의 팝업 스토어를 상반기 최고 팝업 스토어로 꼽기도 했다. 고객에게 비일상적 상황을 제공하면서도 소개하고자 하는 새로운 해외 투자 서비스를 명확히 각인했기 때문이다.

모두가 팝업 스토어로 비행기 같은 압도적인 장소를 제공할 수는 없다. 누구나 더현대 서울처럼 트래픽이 좋은 장소에 팝업 스토어를 열 수도 없다. 다행히 사람들에게 색다른 경험을 주는 공간은 성대하거나 웅장하거나 유동 인구가 많은 장소가 아니라 비일상적 상황에서 재미를 느끼게 해주는 곳이다. 그러므로 먼저 브랜드 맥락 속에서 브랜드의 메시지를 전달할 수 있는 낯설고 재미있고 신기한 상황을 연출하기 위한 고민을 해야 한다.

'요가복의 에르메스'라는 다소 노골적인 별명을 지닌 룰루레몬은 요가 바지 하나에 10만 원 내외로 고가 브랜드다. 20대에게는 부담이 가는 가격이 아닐 수 없다. 그러자 틱톡에서 저렴한 대안 품을 제안하고 추천하는 #lululemondupe라는 해시태그가 트렌드가 되었다. 룰루레몬은 이 현상에 대응하기 위해 고객이 직접 자사 제품을 경험하게 하는 상황을 기획했다.

이들은 2023년 5월 LA에서 이틀간 룰루레몬의 복제품을 제공하는 고객을 대상으로 'dupe swap' 복제품 교환 파티를 열었다. 이는 저렴한 대안품보다 월등히 좋은 룰루레몬의 품질을 자랑하는 동시에 가짜와 복제품에 대응하기 위한 유쾌한 상황을 만들려는 전략이다.

고객을 대면해 전하고자 하는 메시지를 직접 전달할 수 있는 상황을 기획하는 것은 오프라인 공간이 제공하는 가장 매력적인 일이다. 고객이 직접 경험한 상황은 고객에게 자신만의 이야기를 안겨준다. 고객은 그 상황을 자신의 성향에 맞게 해석하고 이해하는 것은 물론 자기만의 관점으로 이야기를 엮을 수 있다. 그렇게 엮은 이야기는 고객의 마음에 더 강렬하게, 더 오래 남기 마련이다.

브랜드 공간을 찾는 이유와 사람들

오프라인 공간의 흥행성은 소셜 미디어상의 화제가 증명한다. 소셜 미디어상에서 화제를 모은 팝업 스토어는 대부분 셀럽이

참석해 바이럴(입소문)을 유도한다. 그런 이유로 소셜 미디어 데이터상에서 가장 많이 언급하는 팝업 스토어 연관어는 디올, 샤넬 같은 명품 브랜드다.

임시가 아닌 상설 공간으로 꾸준한 방문을 목표로 하는 플래그십 스토어도 있다. 최근 3년간 소셜 미디어에서 큰 이슈로 떠오른 곳은 향기와 관련된 브랜드 공간이었다. 후각은 모바일로 구현할 수 없는 감각이라 향기 관련 브랜드는 온라인보다 오프라인 공간에 집중하고 있다. 도산공원·삼청동·신사동에 플래그십 스토어를 연 코스메틱 브랜드 탬버린즈, 프랑스의 향수 브랜드지만 전 세계에서 가장 큰 플래그십 스토어를 가로수길에 오픈한 딥티크 모두 향기를 전문으로 하는 브랜드다.

탬버린즈, 딥티크, 무신사가 낯설게 느껴진다면 이른바 트렌드에 민감하지 않은 것이다. 이들은 MZ세대에게 샤넬이나 디올

플래그십 스토어 브랜드 키워드 변화

2021	2022	2023(~6월)		Total	CATEGORY
탬버린즈	탬버린즈	탬버린즈		탬버린즈	H&B
구찌	딥티크	위글위글		딥티크	H&B
무신사	무신사	스탠드 오일		설화수	H&B
설화수	설화수	펜디		무신사	FASHION
젠틀몬스터	젠틀몬스터	디올		구찌	LUXURY

출처 썸트렌드 비즈
분석 기간 2021. 1.~2023. 6.

딥티크 + 플래그십 vs. 탬버린즈 + 플래그십 vs. 설화수 + 플래그십 연관 키워드 비교

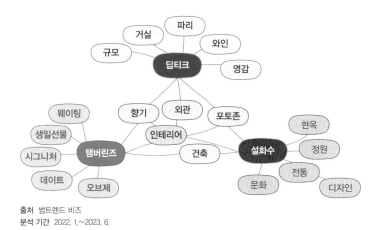

출처 썸트렌드 비즈
분석 기간 2022. 1.~2023. 6.

만큼 화제성 높은 브랜드다. 특히 무신사와 탬버린즈는 해외 명품이 아니라 국내 브랜드라는 점에서 눈여겨봐야 한다. 명품처럼 헤리티지Heritage(역사적 가치가 있는 유산)나 명성에 기대지 않고 관습에도 얽매이지 않는 독자 브랜딩으로 신생 브랜드의 성공사례를 남겼기 때문이다.

탬버린즈는 플래그십 스토어를 열 때마다 그 공간을 핫플레이스로 만드는 플래그십 스토어 세계의 이슈 메이커다. 사람들은 탬버린즈가 플래그십 스토어를 여는 지역으로 몰려가는데, 대기 번호를 받고도 들어가지 못할 만큼 엄청난 인기가 있다. 무신사는 온라인 기반의 유통 플랫폼이 오프라인으로 영역을 확장한 사례다. 이들은 강한 팬덤과 구매력을 지닌 고객과의 실제 대면 접점을 확대하기 위해 오프라인을 택했는데 그 시도는 성공적이었다. 2021년 5월 문을 연 무신사의 홍대 플래그십 스토어는 첫 사흘간 매출 1억 7,000만 원을 기록했고 방문객이 6,500명을 넘어섰다.[4] 소셜 미디어상과 오프라인에서 모두 흥행에 성공한 이 브랜드들의 공간에는 차별점이 있을까?

화제가 된 이들의 플래그십 스토어가 지닌 특징적 인식을 파악하기 위해 소셜 미디어상에서 세 브랜드의 플래그십 스토어 연관어를 살펴보면 공통적으로 외관, 인테리어, 건축처럼 건축성에 집중한 키워드를 언급한다. 플래그십 스토어와 기존 매장의 가장 뚜렷한 차이점은 건축성의 남다름에서 출발한다. 사실 유명 브랜드의 플래그십 스토어 건축에는 꼭 이름난 건축가가 함께한다. 루이비통 서울 플래그십 스토어는 프랭크 게리, 디올 서울 플래그십 스토어는 크리스티앙 드 포잠박이 건축했는데 이들은 모두 건축계의 노벨상으로 불리는 프리츠커상을 수상했다. 이들이 만든 세련된 외관은 건축이 고급스러운 브랜드 메시지를 가장 강력하게 설명할 수 있는 비주얼 콘텐츠임을 뒷받침한다.

물론 세계적인 건축가가 아니어도 그 장소가 제공하는 공간 경험을 차별화할 수 있다면 사람들의 입에 자주 오르내리기에 충분하다. 탬버린즈는 플래그십 오픈과 함께 공간 내부에 기이한 오브제를 설치해 관람객을 모았다. 신생 브랜드이기에 강렬한 브랜드 이미지를 남기고자 한 그들의 메시지는 '기이할' 정도로 생소한 오브제와 만나 호소력을 얻었다.

프랑스 니치 향수(프리미엄 향수)의 대표 브랜드인 딥티크는 파리의 가정집에 초대받은 듯한 내부 설계를 기획했다. 고객이 거실, 주방, 욕조 등의 공간에 놓인 자사 제품을 경험하면서 자연스럽게 프랑스 정취와 분위기를 느낄 수 있게 한 것이다.

설화수는 플래그십 스토어 이름부터 '설화수의 집'으로 설정했다. 기존에 고급스러운 어른 브랜드라는 이미지가 강했던 설화수는 고객 타깃을 적극 확장하기 위해 '설화수의 페르소나' 집으로 고객을 초대해 그가 제안한 취향과 감각을 오롯이 느끼게 했다. 이때 그 공간을 양옥과 한옥으로 구성함으로써 브랜드의 헤리티지를 요즘 감각으로 전달했다. 초대받은 고객은 자신만의 방식으로 브랜드와 교감한 뒤, 자신이 느낀 바를 온라인에서 표현하고 공유해 소비자 주도의 브랜드 콘텐츠를 더 풍부하게 만들어낸다.

소셜 미디어상에서 화제를 모은 이 세 브랜드의 플래그십 스토어에는 모두 고객을 새로운 상황으로 초대했다는 공통점이 있다. 그 상황은 고객이 일상에서 경험하기 어려운 것이어서 더 환호받았을 가능성이 높다. 성공한 브랜드 공간의 기준은 고객의 공간 경험이 '인증샷'이 아닌 '자신만의 이야기'로 남았는가다. 고객 각자의 이야기에 브랜드가 전달하고자 하는 메시지가 스며든다면 대성공이다.

실제로 해당 플래그십을 방문한 사람들이 남긴 후기를 보면 고객들이 새로운 공간과 브랜드를 경험하며 자신만의 추억을 만들었다는 것을 알 수 있다.

"파리의 고급 주택 거실을 구경한 기분이에요. 이런 곳에서 이런 향기가 나는 일상을 산다면 더없이 좋을 텐데요. 특히 화장실에서 맡은 향기는 잊을 수가 없어서 내려오며 당장 질렀습니다. 그렇게 예쁜 화장실은 아니지만 우리 집 화장실도 딥티크로 향기롭게 물들기를."

"탬버린즈의 괴상하고 기괴한 오브제를 인스타 인증샷으로 봤을 때는 감흥이 없었어요. 실제로 보니 압도되었지요. 탬버린즈가 뭘 잘하고 뭘 추구하는지 한 번에 이해가 가는 오브제였어요!"

"설화수의 집 도슨트 예약했어요. 천천히 머물고, 설명을 듣고, 여기저기 바라보면서 잠깐 시간여행을 한 기분이 들어요. 구석구석 신경 쓰지 않은 공간이 없었지요. 정원의 화초, 거울의 각도 같은 것까지 세심하게 설계한 것 같아서 설화수가 브랜드에 얼마나 진심인지 알 수 있었어요."

이 같은 플래그십 경험 후기에서 눈여겨봐야 할 것은 그들이 표현하는 '자기 시선'이다. 기획자가 촘촘하게 설계한 동선을 따르면서도 자기만의 시점과 시선으로 새로운 걸 보고, 그것을 자신과 관련해 생각하고, 자신의 이야기를 엮어내는 것은 물리적 공간이 지닌 막강한 강점이다. 우연히 바라본 정원의 화초가 흔들리며 내는 소리, 온라인 인증샷에서는 느껴지지 않던 오브제의 규모감, 문을 열자마자 코를 찌르는 향기는 시선과 시점이 있는 상황에서만 얻을 수 있는 감각이기 때문이다. 물리적 공간에는 UX(user experience, 사용자 경험)와 UI(user interface, 사용자 환경)

로 설계하고 통제한 평면 스크린 화면이 아니라 깊이와 높이, 청각과 후각, 체감과 실감이 만들어낸 자유와 우연의 세계가 있다. 자기만의 시선으로 입체적 감각을 느끼게 해주는 브랜드 공간은 소비자의 추억에 더욱 풍성한 이야기로 남는다.

플래그십 스토어가 소셜 미디어상에서 화제가 되는 것은 이러한 공간이 소셜 미디어를 가장 활발하게 하는 2030세대를 공략한 결과다. 바이럴 '화력'이 가장 높은 2030세대를 공략하는 것은 소셜 미디어상에서 화제를 끌어내기 위한 자연스러운 전략이다. 신한카드 데이터를 살펴봐도 화제가 된 플래그십 스토어의 오픈 첫 3개월 이용 고객은 80%가 2030세대이고, 그중에서도 20대 비중이 평균 50%를 넘는다.

흥미로운 것은 브랜드의 실제 타깃과 상관없이 20대 고객이 과반을 넘는다는 점이다. 1인당 평균 구매 금액이 15만 원을 넘는 고가 뷰티 브랜드를 방문한 고객도 50% 이상이 20대라는 건 20대가 오프라인 공간 경험의 주요 타깃임을 증명한다. 돌상에 블루투스 마우스가 올려져 있고 흑백 휴대전화가 존재했음을 모르는 디지털 네이티브Digital Native(태어나면서부터 디지털 환경에서 성장한 세대)인 20대가 오히려 새로운 브랜드 공간을 탐방하고 체험하는 데 가장 적극적인 것이다.

이용 비중이 가장 많은 세대가 아닌 1인당 이용 금액으로 눈을 돌리면 새로운 세대가 보인다. 상대적으로 경제력이 약한 20대는 대표적인 플래그십 스토어의 1인당 이용 금액이 가장 낮다. 이용

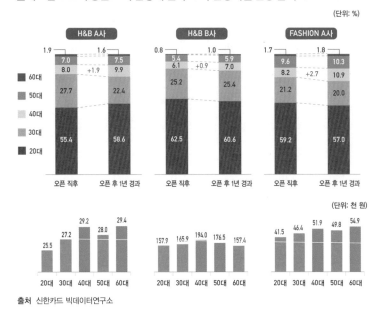

플래그십 스토어 방문 고객 연령대 변화(위)와 연령대별 인당 금액(아래)

(단위: %)

출처 신한카드 빅데이터연구소

금액이 가장 높은 세대는 40대다. 구매 비중은 아직 전체 연령대 중 10% 미만이지만 경제력과 구매력은 이 세대가 가장 높다. 플래그십을 오픈하고 1년 뒤 3사 모두에서 방문 비중이 증가한 세대 역시 40대다.

신한카드 데이터에서 플래그십 스토어를 오픈하고 1년 뒤 이용자를 살펴보면 4050세대 비중이 증가한 것으로 나타난다. 초기에는 2030세대가 공간의 흥행을 담당하지만 이후 4050세대가 자연스럽게 새로운 고객으로 동참한다. 결국 새로운 공간 경험은 특정 세대에게만 호소력이 있는 소수만을 위한 것이 아니다. 좋은 공간으로 입소문이 나면 더 많은 세대를 끌어들일 가능성이 있다. 매력적인 공간은 2030세대의 바이럴 화력을 기반으로 회자하면서 더 넓은 세대에게로 확대된다.

인증샷 찍기 좋은 곳에서 원풍경이 좋은 곳으로

브랜드 공간은 광고보다 더 강렬하게 브랜드의 메시지를 직접 전달하는 브랜딩이자 브랜드의 자체 미디어다. 최근에는 커머스로서의 공간보다 브랜딩을 담당하는 자체 미디어로서의 역할이 더 중요해지고 있다. 정해진 #포토존이나 #인증샷처럼 브랜드의 시그니처 장면을 구성해 그 인증샷을 모두가 똑같이 찍어 올리게 설계한 브랜딩은 차별성이 희미해지고 있다.

20대는 하루에도 팝업 스토어 몇 곳을 돌아다니는 게 일상이다. 그들이 방금 다녀온 팝업 스토어보다 더 오래 그들의 기억에 남는 팝업 스토어가 되려면 어떤 전략을 세워야 할까? 브랜드 공간은 고객에게 직접적인 경험을 제안하는 곳이고, 그러한 경험의 목표는 인증샷 장면이 아닌 풍경으로 남는 추억이다. 이를 위해서는 단발성 장면이 아니라 풍성한 상황을 제안해야 한다. 고객이 공간과 상황에 더 적극 개입하고 몰입할수록 브랜드 메시지의 전달력이 높아진다. 고객이 브랜드와 관계를 맺는 방식이 입체적일수록 고객은 브랜드와 관련해 훨씬 더 풍부하고 사적인 추억을 얻는다.

일본의 브랜드 전략 기획가 호소야 마사토는 《브랜드 스토리 디자인》에서 원풍경 개념을 소개한다. 건축 분야에서 흔히 쓰는 단어인 원풍경이란 '마음속이나 기억에 자리한 본원적인 풍경'을 의미한다. 소비에서 공간의 중요성이 커진 오늘날 목표로 해야 하는 것은 인증샷으로 올리는 사진보다 고객이 마음속으로 자동 재생하는 4D 영상 같은 풍경이다. 바이트로 저장하는 납작한 이미지가 아니라 심상과 감각으로 기록해 풍성한 추억을 지닌 브랜드는 그렇지 않은 브랜드보다 호소력이 강렬하다.

인스타그램 피드로 한 브랜드의 인증샷을 본 순간들이 쌓여 그 브랜드의 이미지를 만들 수도 있지만 그것이 자신과의 추억을 완결하지는 않는다. 추억은 체험과 시간·공간 감각으로 이뤄지고 완성된다. 소비자에게 휘발하기 쉬운 브랜드 이미지가 아니라 탄탄하고 오래가는 브랜드 풍경을 전달하고 싶다면 한 장의 이미지가 아닌 생생한 원풍경의 체험을 제공해야 한다.

해당 장소에서만 경험할 수 있는 상황을 기획하자. 그리고 상황의 동선을 만들어 그 공간에서만 느낄 수 있는 새로운 풍경을 제안하자. 이때 염두에 두어야 할 것은 브랜드가 전하고자 하는 메시지와 소비자가 새로운 공간에서 느끼고 싶어 하는 심상이다. 최근 팝업 스토어들은 놀이공원과 구분하기 힘들 정도로 극단적 상황을 제안한다. 가령 앞서 살펴본 사례처럼 비행기나 공항을 재현하고 수영장과 목욕탕 체험을 기획한다. 꼭 특별한 경험을 기획하지 않아도 괜찮다. 룰루레몬의 교환 이벤트처럼 브랜드가 전달하고자 하는 메시지를 효과적으로 전달할 수 있는 최적의 상황으로도 충분하다.

고객이 일상적으로 접하기 힘든 공간에 브랜드가 전달하려는 메시지를 자연스럽게 녹여낸 상황을 기획한 곳이 곧 성공적인 브랜드 공간이다. 해당 공간에서만 느낄 수 있고, 볼 수 있고, 맡을 수 있는 감각적 자극을 제공한다면 더 좋다. 그렇게 설계한 구체적 상황의 '당사자'가 된 체험은 모험으로 기억되어 오랫동안 잊히지 않는다. 경이로운 모험의 장소는 공간을 넘어 성지가 되며 모험을 순례로 승화한다. 원풍경으로 남은 심상은 인증샷보다 더 오래 지속된다. 성공적 브랜드 공간은 고객에게 순례할 가치가 있는 성지로 자리매김하는 것이다.

숙박 공간: 일상의 로망을 실현하는 곳

5성급 대형 체인 호텔보다 감성적인 파인 스테이

슈퍼레티나 디스플레이가 현실감 있는 질감을 재현하고, 공간 컴퓨팅 기술이 시각의 깊이감을 구현할지라도 달이 뜬 밤에 모닥불에 구워 먹는 마시멜로의 맛과 뜨거운 태양 아래서 벌컥벌컥 마시는 시원한 맥주의 맛을 대체할 수는 없다. 재현과 구현으로 달빛과 햇빛을 소환할 기술은 없기에 감각적 호사는 오프라인 공간이 제공하는 가장 차별적인 경험이다.

코로나-19를 겪으며 좀 더 사적이고 이국적인 외식 수요가 증가했는데, 이는 파인 다이닝과 감성 카페의 인기로 이어졌다. 더 이상 성장할 수 없을 것 같던 카페 산업에는 정체가 없었다. 한국농수산식품유통공사가 발표한 통계에 따르면 2022년 커피 수입액은 1조 7,000억 원으로 사상 최대를 기록했고, 커피 전문점은 9만 9,000개로 지난 4년 사이 2배나 성장했다. 파인 다이닝도 마찬가지다. 소셜 미디어상에서 미쉐린·파인 다이닝·오마카세를 언급한 양이 2019년 대비 오마카세 4.2배, 미쉐린 1.8배, 파인 다이닝 100배(2019년 상반기에는 파인 다이닝 언급량이 10만 건당 1.5회였다) 이상 증가했다.

현재 대한민국 식문화 공간은 '감성'과 '파인' 이 두 가지 키워드를 흡수하면서 확장되고 있다. 감성은 미학을 보장한다. 감성을 동반한 식문화 공간은 남다른 비주얼로 이목을 끈다. 그렇다고 감성을 단순히 인스타그래머블한 인테리어 용어로 이해하면 안 된다. 인스타용 클리셰Cliché(진부하거나 판에 박힌 수법 혹은 표현)를 따르는 포토존으로 치장한 감성 공간은 차별화에 실패해 금세 도태되거나 사라지기 때문이다. 감성 공간은 일반 공간과 다른 가치를 제공한다. 사용자가 느끼기에 어느 정도 불편함이 존재하지만 이를 상쇄할 만큼 독보적인 감성적 공감과 자극이 있어서 기꺼이 방문할 만한 곳이 감성 공간이다. 감성 카페의 대표주자로 손꼽히는 앤트러사이트의 제주 한림읍점 공식 사이트에는 이런 소개 글이 있다.

"제주 한림읍 전분 공장을 두 번째 앤트러사이트 공간으로 만들면서 우리는 하나의 생명력을 심었습니다. 천장을 통해 볕이 모이는 부분에 씨를 심었고, 물을 주면 자라지 않을까? 아주 단순한 생각을 모아서 공간을 만들었습니다. 돌이 많고 땅이 고르지 않은 공장 바닥에서 매일 볕을 받고 자라난 식물을 계속해서 키워나가는 것. 그 자체가 우리의 태도를 보여주는 것이라고 생각합니다. 자연의 흐름을 읽어가며 커피를 즐길 수 있는 공간입니다."

소개 글을 읽는 내내 느껴지는 자연 친화적 감성은 그 공간을 찾는 사람들에게 고스란히 전해진다. 고르지 않아 불편한 바닥, 흙과 자연이 그대로 남아있어 여타 실내와 다른 습도는 불편이 아니라 낭만과 감성으로 읽힌다. 덕분에 대중교통으로도 찾기 힘든 한적한 곳에 자리한 이 카페를 찾아 비행기나 차를 타고 온 사람들은 이곳만의 감성을 경험한다. 앤트러사이트의 성공은 오랜 고민과 독특한 감수성을 녹여낸 감성이 단순히 포토제닉한 미학만 의미하는 건 아님을 보여준다. 감성은 불편을 감수하게 하는 낭만을 뜻한다.

파인은 식문화의 고급화를 드러내는 키워드다. 고급스러운, 사적인, 독창적인, 정성스러운, 개인 맞춤화한 같은 수식어를 동반하는 파인 다이닝은 나만을 위한 정성스러운 한 끼로 호사스러운 순간을 제공한다. 오마카세의 대중화, 미쉐린, 블루리본 등

격식 있는 식사 경험 수요가 늘어나는 것 역시 파인 다이닝의 인기를 보여주는 척도다. 고급스럽고 아름다운 카페와 다이닝으로 전보다 훨씬 밀도 있는 외식을 경험한 사람들은 이제 미식이 아닌 새로운 영역에서 호사와 환대를 누리고 싶어 한다.

지금 식문화 이외의 영역에서 감성과 파인 두 가지 키워드를 모두 아우르는 영역은 바로 '숙소'다. 국세청이 국민 실생활과 밀접한 업종의 최근 5년간 사업자 데이터를 분석한 발표자료에 따르면, 가장 많이 늘어난 업종은 펜션·게스트하우스로 2018년 대비 115%나 증가했다. 이는 여관·모텔이 11.8% 감소한 것과 대비된다. 신한카드 데이터도 이것을 증명한다. 신한카드 데이터에 따르면 2023년 1분기 모텔·여관 업종의 평균 이용 건수는 2019년 동기 대비 2% 감소한 반면 특급 호텔과 콘도, 펜션 등은 모두 30% 이상 증가했다. 가맹점이나 업종 명은 펜션·게스트하우스로 표기하고 있으나 실상은 '독채 펜션' 혹은 '○○ 스테이'로 불리는 사적이고 고급스러운 독채 숙소를 뜻한다. 영역과 분류 측면에서 호텔과 다른 고급 숙소가 인기를 끌고 있는 것이다.

고급 숙소의 대명사인 호텔이 존재하는데도 독채 펜션이 '감성 숙소'를 표방하며 인기를 끄는 이유는 권위가 사라지고 유연성을 강조하는 지금 시대의 가치관을 반영하기 때문이다. 기존 숙소 카테고리에 보이는 편견과 권위가 무너지면서 숙소는 더 많은 다양성과 유연성을 갖추며 외연을 확장했다. 특히 모텔, 게스트하우스, 펜션, 3성급 호텔이 기존과 다른 '쓸모'를 찾아 새로운 콘셉트로 차별화하고 있다. 이를테면 테니스 펜션, 온천 펜션, 자쿠지와 풀빌라처럼 '특화' 콘텐츠가 그들의 핵심 무기다.

숙소는 등급이 아닌 구성의 밀도로 평가받고, 밀도는 숙소가 제공하는 서비스의 세밀함으로 완성한다. 'Don't go Live there(여행은 살아보는 거야)'라는 슬로건을 내세운 에어비앤비는 여행의 목적과 방식이 관광에서 머묾으로 변화하고 있음을 포착했고, 여기에 걸맞은 새로운 숙소를 제안해 성공했다. 이는 지역 관광형 여행이 아니라 그 지역의 특별한 숙소와 문화를 체험하는 즐거움을 누리고자 하는 수요에 기민하게 대응한 결과다.

그만큼 에어비앤비는 여행 동향을 포착하는 데 남다른 통찰을 보인다. 최근 새로운 수요 흐름을 감지한 그들은 2022년 말 '한옥' 카테고리를 추가했다. 이는 숙소의 공간적 가치에 다양성과 고유함의 깊이를 더하고자 하는 관점 변화로 이해할 수 있다. 이들은 한국의 한옥, 일본의 료칸, 프랑스의 와이너리(와인 양조장), 스위스의 샬레(전통 오두막집), 이탈리아의 아그리투리스모(농가 민박)처럼 다양한 숙박 문화를 기반으로 해당 국가의 고유한 문화를 전달하고 고객이 더 섬세한 방식의 환대를 경험하게 한다.

누구를 어떻게 모으냐는 온라인 생태계를 혁신해온 플랫폼이 던진 중요한 질문이었다. 마찬가지로 어떤 숙소를 어떻게 모으냐는 숙박 생태계를 바꾼 중요한 질문이다. 숙소의 외연 확대와 밀도 심화는 새로운 OTA Online Travel Agency 플랫폼 등장과 함께한다.

야놀자나 여기어때 같은 OTA는 모텔을 모으면서 새로운 숙소

수요를 창출했다. 에어비앤비는 일반 가정집을 모아 새로운 숙소 형태로 확장하고 '등급'과 '분류'로 정하던 기존 숙소의 한계와 경계를 허물었다. 사람들이 숙소를 선택하는 기준은 더 이상 숙박업의 카테고리나 별의 개수가 아니다. 고유한 공간과 숙박 경험을 제공한다면 5성급 호텔이 아니어도 비싼 값에 소비자의 선택을 받을 수 있다.

기술과 인식 변화가 교차하는 시기에 등장한 새로운 카테고리가 바로 감성 숙소다. 감성 숙소는 소비자가 직접 발굴해 이름을 붙인 새로운 카테고리다. 이는 '침실-욕실'로 구성한 모텔과 호텔의 한계를 넘고, 집주인의 사적 물건이 여기저기 놓인 에어비앤비의 불편함을 해소하면서 개별적이고 고유한 감성과 미학을 경험할 수 있는 아름다운 숙소를 의미한다. 감성 숙소는 대부분 독채 구조로 일반 가정집처럼 주방, 거실, 욕실을 구비하고 있다.

한옥 시호일은 '여기 이 좋은 날'이란 뜻을 담은 정원이 있는 독채 한옥 숙소다. 1일 숙박비는 성수기 기준 40만 원이고 비수기는 32만 원으로 숙박비 측면에서는 특급 호텔과 다르지 않다. 이곳 방문객들은 숙소에 걸린 그림부터 방명록을 쓰는 공간에 놓인 연필의 놓임새까지도 "섬세한 멋이 우러나온다"라고 평한다. 공간에 스민 정성과 공간을 설계한 사람의 남다른 감성이 '대형 체인'과 맞서게 해주는 이 장소만의 핵심 요소다.

독채 펜션, 즉 감성 숙소이자 파인 숙소로 부르기에 충분한 새로운 메타 카테고리는 돈뿐 아니라 정보력이 있어야 예약이 가능하다. 이 새로운 카테고리는 기존 비즈니스 방식을 따르는 대신 사람들의 공간 감식안에 주파수를 섬세하게 맞춘 고민의 결과물이다.

소수가 누리는 서비스를 다수가 즐기는 서비스로

글로벌 호텔 체인 하얏트는 2023년 Mr & Mrs Smith 호텔 예약사이트를 6,600만 달러에 인수했다. 이 호텔 예약사이트는 기존 호텔 예약사이트와 달리 주요 관광지나 도심이 아닌 '일부러 찾아가야 하는' 독특한 입지의 특별한 부티크 호텔을 예약하는 사이트다. 홈페이지 상단에는 특가 상품 대신 영감Inspiration 탭이 있다. 영감 탭을 누르면 'The One'이 될 너만의 숙소를 찾길 권하며 다양한 테마의 숙소를 소개한다. 이때 숙소 분류 방식은 기존 여행 OTA와 다르다. 가격이나 호텔 타입 대신 그들이 제시하는 새로운 여행 방식을 따른다. 이를테면 'Grape Escape'라는 테마로 프랑스 최고 와이너리를 경험할 수 있는 숙소를 함께 추천하는 식이다. 이 인수는 빅 브랜드의 명성보다 새로움과 독창성을 귀하게 여기는 소비자의 수요에 발맞추려 하는 하얏트의 계획을 보여주는 결정이다.

또 다른 글로벌 호텔 체인인 아코르는 Handwritten collection을 소개했다. 이것은 사려 깊은 사람들이 큐레이션한 전 세계의 매력적이고 스타일리시한 숙소를 소개하는 플랫폼이다.

두 사이트의 공통점은 최저가가 아닌 엄선한 큐레이션을 바탕으로 개성과 인간미를 제공하는 숙소를 모았다는 점이다. 글로벌 호텔 기업이 트렌드를 빠르게 반영한다는 것은 여가 소비에서 공간의 의미가 단순히 숙박이 아닌 '호사 경험'으로 달라졌음을 의미한다.

국내에도 이 같은 비즈니스가 등장하고 있다. 스테이폴리오, 하우트립, 스테이감성 그리고 여기어때가 새로 만든 홈&빌라 서비스는 차별화한 감성 숙소를 제안하는 플랫폼이다. 이 중 공간 차별화에 가장 공을 들이는 곳은 스테이폴리오다. 이 숙소 예약 플랫폼은 'Discover Fine Stays'라는 슬로건을 내세우며 자사를 '파인 스테이 큐레이션 플랫폼'으로 정의한다. 자사가 제안하는 숙소를 머물고 싶은 집을 뜻하는 'stay'로 규정하면서 파인 스테이라는 새로운 숙소 카테고리를 내세운 것이다. 다른 사이트에서 볼 수 없는 숙소를 소개하는 '히든 스테이' 제도도 있는데, 이는 스테이폴리오를 2회 이상 이용한 사람에게만 열리는 특별 숙소다. 아는 사람만 알고 있는, 이용해본 사람만 이용할 수 있는 일종의 멤버십 혜택이다. 그들이 제안하는 파인 스테이 개념이 파인 다이닝처럼 대중화하진 않았지만 스테이폴리오를 아는 사람은 그들이 제공하는 숙소가 어떤 면에서 다른지 이미 인지하고 있다.

이들은 최적화 추천과 최저가 보장 등을 강조하는 익스피디아 그룹, 부킹스닷컴, 트립닷컴 같은 글로벌 OTA의 초기술에 맞서

다른 편에서 엄선한 큐레이션을 바탕으로 여행과 쉼을 좀 더 인간적인 접근으로 소구하고 있는 것이다. 또한 공간의 중요성과 공간에 깃든 퍼스낼러티personality 정신을 강조하는 새로운 OTA로 새로운 공간 수요도 창출하고 있다.

이러한 플랫폼을 이용하는 사람들의 차이점은 분명하다. 신한카드 데이터를 기반으로 두 고객을 비교하면 연령대, 소비 성향, 여가 관심사 측면에서 차이가 드러난다. 일반 호텔 예약 플랫폼은 주 고객층이 3040세대지만 취향 큐레이션 예약 플랫폼의 주 고객층은 일반 예약 플랫폼보다 2030세대의 비중이 월등히 높다. 특히 30대 비중이 압도적으로 높다. 소셜 미디어로 새로운 숙소를 탐색하고 검색하는 정보력, 새로운 숙소 방식에 보이는 개방성 그리고 다소 고가인 독채 펜션에 지출할 수 있는 경제력을 갖춘 이들이 시장을 이끄는 주축이다. 경제력은 부족해도 정보력이 높은 20대와 정보력은 부족하지만 경제력이 있는 40대가 그 뒤를 잇는다는 점도 눈여겨볼 지점이다.

그다음 특징은 취향 큐레이션 예약자의 소비 패턴이 일반 호텔 예약자와 다르다는 점이다. 이들은 패션에 관심이 많고 트렌드에 민감하다. 이들이 일반 호텔 예약자보다 무신사, 29CM, W컨셉, 크림, 트렌비, 발란, 머스트잇 같은 버티컬 패션 플랫폼 이용 개수가 약 2.2배 더 많다는 것이 이를 증명한다.

또한 감성 숙소 플랫폼을 사용하는 고객의 40%가 오늘의집, 집꾸미기 같은 인테리어 플랫폼 커머스를 이용하고 있다. 이는

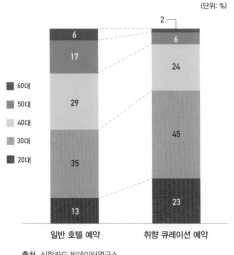

숙박 예약 플랫폼 이용자 구성

(단위: %)

일반 호텔 예약
- 6
- 17
- 29
- 35
- 13

취향 큐레이션 예약
- 2
- 6
- 24
- 45
- 23

범례:
- 60대
- 50대
- 40대
- 30대
- 20대

출처 신한카드 빅데이터연구소
분석 기간 2023. 1H

일반 호텔 예약 플랫폼을 사용하는 고객 중 17.8%가 이용하는 것에 비해 약 2.2배 정도 많은 수치다. 연령대별로 해당 플랫폼 사용을 비교해봐도 전 연령대에서 감성 숙소 플랫폼을 사용하는 고객의 버티컬 패션 플랫폼 이용률이 높게 나타난다. 이 세 가지 특징을 요약하면 감성 숙소를 예약하려 하는 사람들은 정보력, 경제력, 안목을 갖추고 있고 패션과 인테리어에 관심이 많으며 트렌드에 민감하다.

스테이폴리오에 투자한 벤처캐피털 티비티의 이람 대표는 "소수가 누리는 좋은 것을 다수가 누릴 수 있게 해주는 서비스는 성

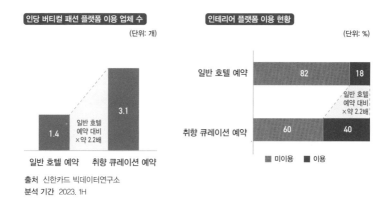

숙박 예약 플랫폼 이용자 소비 패턴

인당 버티컬 패션 플랫폼 이용 업체 수
(단위: 개)

일반 호텔 예약 대비
×약 2.2배

1.4 일반 호텔 예약
3.1 취향 큐레이션 예약

인테리어 플랫폼 이용 현황
(단위: %)

일반 호텔 예약 82 18
취향 큐레이션 예약 60 40

일반 호텔 예약 대비 ×약 2.2배

■ 미이용 ■ 이용

출처 신한카드 빅데이터연구소
분석 기간 2023. 1H

공한다"라는 신념이 스테이폴리오에 투자한 이유라고 밝혔다.[5] 감성 숙소라는 새로운 카테고리 등장은 그간 감성이 남다르고 트렌드에 밝은 30대가 주로 누리던 경험을 더 많은 사람이 누리도록 도와주는 플랫폼이 생겼음을 의미한다. 이제 더 많은 사람이 감성 숙소라는 아름다운 공간에서 머무는 즐거움을 누릴 수 있다.

이성적인 똑같은 삶에서 감성적인 편집된 삶으로

'감성'이 붙은 장소가 종종 그러하듯 감성 숙소도 몇 가지 불편을 감수해야 궁극의 낭만을 경험할 수 있다. 예약 플랫폼에 등록한 숙소도 있지만 일부 유명 숙소는 오직 인스타그램 DM이나 독립

홈페이지에서만 예약 문의를 받는다. 인기 숙소는 예약이 열리자마자 마감되는 경우가 잦아 숙소 예약 오픈 일정에 맞춰 대기해야 한다. 숙소 경험 첫 단계인 예약부터 불편함을 동반하는 셈이다. 어렵사리 예약에 성공해도 체크인부터 체크아웃까지의 과정이 시스템 매뉴얼대로 돌아가는 일반 호텔과 달리 다소 삐걱거림이 존재할 수 있다.

특급 호텔에 준하거나 그보다 더 비싼 값을 치르면서도 불편한 예약과 서비스를 감수하게 하는 감성 숙소의 차별점은 어디에 있을까? 사람들이 특급 호텔이 제공하는 매뉴얼화한 서비스와 오랜 트레이닝으로 노하우를 갖춘 직원들의 호스피탈리티(환대)보다 더 가치를 두는 것은 무엇일까? 각종 부대시설, 미쉐린 레스토랑, 고급 피트니스, 스파 서비스, 호화로운 수영장과 룸서비스가 없는 감성 숙소에서는 무엇을 제공할까?

감성 숙소에는 레스토랑, 스파, 피트니스센터 같은 상업적 부대시설이 없는 대신 '삶'이 있다. 구체적으로 말하면 부엌, 거실, 침실 같은 일상생활 공간이 있다. 다만 그 삶을 좀 더 멋지고 근사한 방향으로 '편집'했을 뿐이다. 그렇게 편집한 삶은 우리 일상에 특별한 이야기를 만들어준다.

호캉스가 인기를 끌면서 일상 속 가장 가까운 여행지로 자리 잡은 호텔의 강력한 강점은 비일상성이었다. 호텔은 일상이 존재하지 않는 공간이기 때문이다. 김영하 작가가 《여행의 이유》에서 말한 바 있듯 구질구질한 살림과 슬픈 기억의 흔적이 없는 주방, 거실이 없는 호텔은 명백히 일상의 노고를 제거한 공간이다. 반면 감성 숙소는 일상을 품고 있다.

깨끗하고 산뜻한 침대, 생활 흔적이 묻은 용품이 없는 욕실은 호텔에서도 경험할 수 있다. 그러나 꼴 보기 싫은 영양제 통이 하나도 없는 식탁, 관리가 어려워 집에 들일 수 없었던 욕조 '히노키 자쿠지', 셀럽의 인테리어에서 봤던 스웨덴에서 넘어온 빈티지 가구, 유명 감성 카페에서만 봤던 디터 람스의 LP 오디오가 놓인 거실, 제철 꽃과 나무를 잘 관리한 개인 정원, 맥주 한 캔 마시기 딱 좋은 테라스는 호텔에서도 집에서도 결코 경험할 수 없는 공간이다. 딱 그런 집에 살고 싶지만 현실적인 이유로 구현하기 어려운 생활 모습이 거기에 있다. 그야말로 일상에서 꿈꾸는 로망의 삶을 편집한 버전이다. 일상에서 드러낼 것과 들어낼 것을 정확히 아는 호스트의 감각으로 감성 숙소는 '편집삶'을 제공한다. 그렇게 편집한 공간은 아름답고 여유로운 휴식이라는 이야기를 완성한다.

편집숍이 새로운 브랜드를 소개하고 그렇게 선택한 브랜드의 연결로 편집숍만의 새로운 정체성을 획득하듯 편집삶은 일상의 다양한 요소를 편집해 새로운 생활 정체성을 제안한다. 안목을 기반으로 부가가치를 창출하는 편집숍과 마찬가지로 편집삶의 내공도 그들이 선보이는 '안목'의 깊이다. 편집숍을 찾는 사람들은 일반 리테일을 찾는 사람들보다 더 까다로운 취향과 안목을 지니고 있다. 편집삶을 찾는 사람들 역시 공간 구성의 디테일을 알아보는 조예가 남다르다.

신한카드 데이터를 분석해보면 감성 숙소를 선택하는 사람들은 패션과 인테리어에 관심이 많고 트렌드에 민감하다. 또한 감성 숙소를 평가하고 누리는 조예와 관점이 성숙한 성향을 보인다. 그들은 숙소에 들어오자마자 '공간 안내서'에 적힌 문구를 섬세하게 확인하고 웰컴 기프트는 무엇인지, 자쿠지 옆에 놓인 배스솔트는 어떤 향인지, 욕실에 걸린 수건의 브랜드는 무엇인지, 커피 그라인더와 함께 비치한 드립백은 어떤 브랜드의 것인지, 책장에 놓인 잡지나 책은 무엇인지 꼼꼼하게 따진다. 그들은 그 모든 것을 누리는 기쁨이 온전히 비용에 반영되어 있음을 인지하고 있다.

사람들이 특급 호텔 서비스를 마다하고 감성 숙소를 선택하는 이유는 상업적 부대시설 대신 집 같은 편안함을 누리되 내 집에선 결코 누릴 수 없는 것을 풍요롭게 누리기 위함이다. 그런 사람들을 만족시키려면 디테일 스케일이 달라야 한다. 대형 호텔 체인에서 결코 선택할 수 없는 대안일수록 환호받는다. 호텔이 스케일을 센티미터 단위로 기획한다면 감성 숙소는 밀리미터 단위로 더 촘촘하고 섬세한 디테일을 제공해야 경쟁력이 있다. 기업 매뉴얼이 아닌 개인의 감성으로 세밀하게 제련해야 한다.

이처럼 감성 숙소는 숙박 공간이 꼭 전혀 새로운 '비일상'을 제공할 필요는 없음을 보여준다. 일상을 다른 방식으로 경험하도록 제안하는 것, 현실의 장애를 뛰어넘어 일상 로망을 체험하게 하는 것만으로도 충분하다. 또한 감성 숙소는 대형 브랜드나 글로벌 체인이 아니라 개인의 퍼스낼러티와 지역 로컬리티를 강조한 설계가 새로운 수요를 충족해줄 수 있다는 가능성을 보여줬다. 감성이 부가가치인 시대에 감성 숙소는 손에 잡히는 로망을 부가가치 삼아 소비 공간 차별화에 성공한 예다.

공간을 향한 로망을 현실로

머물고 싶은 장소는 그 공간만의 독특한 경험과 감성을 담고 있다. 감성 숙소 등장과 인기는 공간을 소비하는 방식과 여가 문화의 변화를 함께 보여준다. 지금껏 공간 소비는 대관이나 임대로 특정 목적에 맞는 공간을 일정 기간 빌리는 것을 의미했지만 이제는 그 방식이 바뀌었다. 머물고 싶은 장소는 그 공간만의 콘텐츠가 고유한 곳이다. 감성 숙소는 호스트가 제안하는 독특한 감성과 안목으로 빚은 '감성 콘텐츠' 소비 공간이다.

또한 감성 숙소는 전형적인 공간 카테고리를 부수고 있는데 이를 행하는 건 기업이 아니라 개인의 변화한 수요다. 사람들은 친구와 함께 간단한 모임을 열기 위해, 연말 홈파티나 생일파티 등 특별한 리추얼ritual(규칙적으로 행하는 의례적인 일)을 위해 감성 숙소를 빌린다. 새로운 여가 문화가 새로운 수요를 창출한 셈이다. 여기에다 온라인 경험과 대비되는 머묾과 감각적 생활이 있는 삶이라는 수요는 여행과 여가 문화의 변화를 반영한다. 이것은 새로운 여행지를 관광하거나 탐방하지 않고, 축제나 콘서트 같은 새로운 액티비티에 참여하지 않고, 와인 혹은 도자기를 만드는 체험을 하지 않고, 그저 '머무는 것'만으로도 충분한 새로운 여가 선택지다.

최근에는 숙박과 상관없는 새로운 여가 콘텐츠 공간도 등장했다. 그중 서점, 청음실, 공유 서재 등 특정 액티비티를 강조한 공간 기획이 눈길을 끈다. 입장권을 내고 2만 원에 2시간 동안 대여할 수 있는 서점 '도하서림', 1시간에 5만 원의 청음료를 내고 노래를 들을 수 있는 '뮤직컴플렉스 서울', 낮에는 대화를 금지하고 예약제로 공유 서재를 운영하는 '마이시크릿덴' 등 다양한 임대 공간이 자신만의 콘텐츠와 함께 감성 공간을 제안한다.

심지어 숙박 시설처럼 보이는데 숙박할 수 없는 공간도 있다. 동화 속의 한 장면처럼 나무 위에 지은 '트리하우스'는 피크닉을 위한 공간이다. 작은 수영장을 겸비한 숙소에는 온전히 쉴 수 있는 소파와 매트리스가 있지만 숙박은 안 된다. 12시간 대여(35만 원)로 공간을 이용할 수 있는데 성수기인 7~8월에는 예약이 힘들 정도로 인기다.

이처럼 사람들이 여가를 위해 공간에 담긴 콘텐츠를 소비하고, 그런 공간에 머무는 것을 소비하는 현상이 점차 확대되고 있다. 그 콘텐츠는 우리가 원하면서도 일상에서 실현하지 못한 '로망'을 실현한 공간이다. 언제나 꿈꾸지만 현실에 밀려서 갖지 못한 서재, 청음실, 만화방 같은 공간은 집에 들이고 싶어도 아무나

예약제 공유 서재로 운영되는 마이시크릿덴

출처 마이시크릿덴

들일 수는 없는 공간이다. 어릴 적 읽은 동화 속 주인공들이 작당해서 모의하던 트리하우스 역시 일상의 로망을 완벽하게 구현한 공간이다.

사람들의 일상 로망이 무엇인지 관찰해 이를 실현하게 해주는 것은 훌륭한 비즈니스 아이디어로 이어질 수 있다. 이때 차별점은 편집력과 감각의 묘수로 드러난다. 공간을 어떻게 편집할 것인지, 공간에 어떤 감각을 강조할 것인지에 주의를 기울이자. 공간 컴퓨팅 기술로 내 방에서 공간감을 생생하게 누릴 거라고 예견하는 시대에 그들을 오프라인 공간으로 초대할 명목은 무엇일까? 넷플릭스를 끄고, PS4를 멈추고 오프라인 공간으로 오게 할 차별적 콘텐츠는 무엇일까? 다른 공간에서 충족할 수 없을수록, 온라인으로 구현할 수 없을수록 그 공간의 가치는 더 귀해진다.

예술 공간: 지금 사람과 돈이 모이는 곳

아트 슈머의 마음을 잡아라

2021년 3월 30일, 프랑스 루브르 박물관은 소장하고 있는 예술품 48만 2,000점을 온라인으로 공개했다. "박물관 역사상 처음 루브르 소장품 전체를 온라인에 공개한다"라고 밝힌 그들은 박물관에 전시한 작품을 비롯해 다른 곳에 대여 중인 작품과 수장고에 보관한 작품을 모두 온라인으로 볼 수 있는 '온라인 박물관'을 열었다. 코로나-19로 2020년 1차 유행기와 2차 유행기에 두 차례나 박물관을 폐쇄했던 루브르가 온라인 문을 활짝 연 것이다. 이제 마음만 먹으면 손 안의 휴대전화로 루브르 박물관의 모든 소장품을 볼 수 있다. 까치발로도 정수리만 겨우 보일까 말까 한 방탄 유리 속 〈모나리자〉역시 휴대전화 화면으로 확대해 구석구석 감상할 수 있다.

2023년 1월 5일 루브르는 공식 보도자료에서 2022년 한 해 동안 박물관을 찾아온 사람이 780만 명으로, 온라인상에서 루브르 전체를 볼 수 있게 된 2021년 대비 170% 증가했음을 밝혔다. 코로나-19 이전인 2019년에 비해서는 여전히 20% 부족하지만, 2022년 상반기에 여전히 특정 지역 여행이 불가능했던 점을 고려하면 엄청난 회복세다. 루브르 박물관의 공식 집계에 따르면 방문객의 45%는 25세 미만이다.

역사상 디지털 콘텐츠에 가장 친숙한 세대가 온라인으로 충분히 볼 수 있는 '랜선 모나리자'와 '폰 모나리자'도 있는데 애써 긴 줄을 서서 기다리고, 수많은 계단을 오르내리느라 붐비는 사람들에게 치이면서까지 진짜 〈모나리자〉를 보려고 하는 이유는 무엇일까? 폰 모나리자는 복사와 붙여넣기로 어디서든 복제할 수 있지만 원본 〈모나리자〉는 오직 그곳에만 존재하기 때문일까? 카이사르가 남긴 "왔노라, 보았노라, 이겼노라"라는 유명한 경구의 현대 버전인 '왔노라, 보았노라, 찍었노라'를 완성하기 위함일까? 코로나-19 이후 영화산업이 온라인 스트리밍 서비스와의 경쟁으로 심각한 위기를 겪고 있는 와중에, 그들이 유료 OTT에 가입하지 않아도 충분히 볼 수 있는 예술 작품을 보기 위해 발걸음을 옮기는 이유는 무엇일까? 오프라인 리테일의 위기로 오프라인 공간들이 도심형 엔터테인먼트 공간으로 재탄생하는 가운데 흥미롭게도 '엔터테인먼트'와 '교양' 사이에서 예술 공간 수요가 늘어나고 있다.

굳이 프랑스 루브르에 가지 않아도 지금 대한민국은 예술과 예술 공간에 보이는 관심이 그 어느 때보다 뜨겁다. 제2세종문화회관, 구립 예술의전당 같은 새로운 예술 공간을 계획 중인 것은 물론 2025년엔 여의도 63빌딩에 프랑스 현대 미술관인 '퐁피두센터'가 들어올 예정이다. 그만큼 여러 지자체에서 도립, 구립 미술관 준공과 유치를 계획하며 예술 공간 확대에 총력을 기울이고 있다. 글로벌 메가 갤러리도 한국을 찾고 있다. 대표적으로 미술사에서 중요한 역할을 차지하는 영국의 유명 갤러리 '화이트

큐브'는 2023년 가을 서울점을 개관했다. 런던, 파리, 잘츠부르크에서 현대미술을 이끄는 유럽 대표 갤러리 '타데우스 로팍' 서울점은 2호점을 내며 전시 공간을 확대하고 있다.

정부와 기업의 예술 관련 지원도 늘었다. 서울시는 2023년 4월부터 만19세 청년을 대상으로 문화예술공연 관람이 가능한 20만 원 상당의 바우처로 '서울형 청년문화패스'를 지급하기로 했다. 이는 서울문화재단-신한은행-신한카드의 업무 협약으로 2023년 문화 분야에서 처음 시행하는 '약자와의 동행' 정책 사업의 일환이며, 중위소득 150% 이하 만19세 청년 2만 8천여 명을 대상으로 한다. 문화 강국 프랑스에서 26세 미만의 유럽 학생은 프랑스 국립 박물관에 무료로 입장한다. 또한 모든 학생이 도서관을 무료로 이용할 수 있다. 이는 유년기에 문화적 경험과 체험으로 '예술을 일상에서 가까이하는' 습관을 들이면 성인이 되어서도 자발적으로 예술 공간을 찾으리라고 보는 거시적 차원의 계획이다. 서울시의 정책 역시 문화적 기회 형평성이 사회의 주요 이슈로 떠올랐음을 보여준다.

정부 지원이 문화적 기회 형평성과 미래 예술산업 활성화를 염두에 둔 것이라면, 기업은 ESG Environmental, Social, Governance와 브랜드 이미지 제고 차원에서 메세나Mécénat(기업들의 문화·예술 지원 활동)를 확대하고 있다. 소비자의 수요와 관심사가 예술과 전시에 있기 때문이다. 실제로 2022년 기업의 문화·예술 지원 규모는 2,073억 원으로 코로나-19 이전 수준을 회복했다. 그 내용을 보면 복합문화공간, 미술관 등 인프라 지원 규모가 가장 크고 미술·전시 지원이 뒤를 이었다. 증가세가 가장 뚜렷한 것은 미술·전시 분야로 2021년 대비 60% 이상 늘어났다.[6]

적극적인 인프라 지원에 발맞춰 세계적 스케일의 예술 관련 이벤트가 열리고 있다. 세계 3대 아트페어로 불리는 프리즈Frieze를 아시아 최초로 개최한 '2022 프리즈 서울'은 2022년에 이어 2023년에도 흥행이었다. 개최국 확장에 유난히 신중한 글로벌 아트페어가 한국을 겨냥한다는 것은 한국의 아티스트, 갤러리, 관람객, 컬렉터 수준이 세계적 반열에 올랐음을 뜻한다.

정부와 기업의 지원 증가, 이벤트 확대는 미술시장 규모 확대로 이어졌다. 2022년 전 세계 미술시장 규모는 2021년 대비 3% 성장한 반면 프리즈 서울, 키아프 서울 등의 개최 효과로 한국 아트 딜러의 매출은 40% 이상 폭발적으로 성장했다.[7] 'PART 4. 공간 변화'의 백화점 부분에서 말한 것처럼 2022년 국내 매출액 기준 미술시장 규모는 1조 377억 원으로 처음 1조 원을 넘어섰다. 2023년 상반기의 국내 미술시장 거래액은 감소했으나 문화체육관광부에 따르면 미술품 거래는 지난 3년 사이 3배 증가했다.

무엇보다 전시를 찾는 사람들이 늘었다. 요즘 예술 공간을 찾아가고 전시를 경험하는 것은 일상적인 일이다. 영국 미술 전문지 《아트 뉴스페이퍼The ArtNewspaper》에 따르면 한국의 대표 박물관인 국립중앙박물관은 2022년 관람객이 341만 명으로 세계 5위를 차지했다. 한국의 박물관이 루브르 박물관, 바티칸 박물관, 대영 박물관, 테이트 모던 미술관에 이어 관람객 수 5위를 차지한 것이다. 이는 뉴욕 메트로폴리탄 미술관보다 많은 수치다. 전시의 인기도 상당하다. 인터파크에 따르면 2022년 전시 관람객은 2021년에 비해 33% 증가했다고 한다. 한 전시에 관람객이 100만 명 가까이 몰리는 블록버스터 전시도 등장했다.

우리는 지금 대한민국 역사상 가장 많은 사람이 미술관으로 향하는 시대에 살고 있다. 정부와 기업이 아낌없이 지원하고 있고, 문화·예술 발전을 위한 하드웨어와 소프트웨어 인프라도 세계적 스케일로 마련하고 있으며, 문화·예술 시장 거래 규모 역시 커지고 있다. 대한민국에서 예술은 분명 경제적, 문화적으로 최대 화두다.

물론 일각에서는 예술 시장과 전시 문화에 부정적 시각을 제기하기도 한다. 먼저 NFT 예술품 구매, 리셀, 옥션에 익숙한 MZ세대가 예술품을 투자재로 보고 게임 아이템을 사듯 구매한다는 우려가 있다. 또한 그들에게 전시회는 예술을 경험하는 공간이 아니라 인증샷을 찍기 위한 배경 장소에 불과하다는 비판적 목소리도 나온다. 여기에다 키치kitsch(저속하고 통속적인 것)와 예술 구분 없이 깊이를 잃어버린 현대 예술을 비평하는 부류도 있다. 이러한 비판과 비평은 모두 예술의 본질 폄하를 우려하는 목소리일 것이다.

예술을 두고 사회적 논란이 이토록 뜨거운 것 자체도 여가와 소비 생활에서 문화·예술의 위상과 영향력이 달라졌음을 보여준다. 더구나 문화생활이 삶의 질과 직접 연결된다는 점을 고려할 때 우리는 현재 대한민국 예술 공간에서 벌어지는 현상을 이해할 필요가 있다. 왜 가는가? 누가 가는가? 이를 구체적으로 관찰하고 분석하는 일은 우리 문화생활에 깊이와 넓이를 더하고 더 나은 삶을 제안하는 새로운 기획에 기여할 거라고 본다. 무엇보다 예술의 본질을 끊임없이 논의하고 그 담론이 더 성숙해지려면 보다 많은 사람이 예술 공간으로 가서 예술을 경험해야 한다.

박물관, 미술관, 갤러리를 사랑하는 예술 애호가들

예술 공간은 목적과 의의에 따라 다양한 방식으로 분류할 수 있다. 그러면 데이터 분석을 위해 전시회를 진행하는 예술 공간을 크게 박물관, 미술관, 갤러리로 나눠보겠다(가맹점 이름이 박물관, 미술관, 갤러리·화랑으로 끝나는 것을 바탕으로 함). 상위 개념인 박물관은 예술을 비롯해 다양한 주제를 보존하고 계승하는 데 목적을 둔 문화 공간이다. 미술관은 그 어원에 따르는 논쟁과 논의를 차치하고 말하면 예술 작품 보존과 기획 전시에 집중하는 예술 공간이다. 갤러리는 상설 전시 없이 작가 소개와 작품 판매를 목적으로 하는 상업 공간이다.

신한카드 데이터로 박물관, 미술관, 갤러리를 찾는 사람들을 살펴보면 공간별로 선호하는 연령대와 라이프 스테이지가 서로 다르다는 것을 확인할 수 있다.

박물관을 가장 많이 이용하는 연령대는 40대다. 라이프 스테이지로 보면 영유아, 어린이, 청소년 자녀를 둔 가족 구성원이다. 국립 중앙박물관, 역사박물관, 민속박물관 등 박물관은 교육 목적과 다양한 체험을 충족해주는 공간 특징에 부합해 가족 단위 관람객이 가장 두드러진다. 19세기 박물관이 엘리트들을 위한 공간이었다면 21세기 박물관은 오락과 여가를 즐기는 '포퓰리즘 사원'으로 변했다[8]는 미술 비평가 클레어 비숍의 주장처럼, 박물관은 분명 대중의 여가 공간으로 발전했다. 넓은 부지, 다채로운 체험 공간, 취식 공간을 갖춘 박물관은 가족이 주말을 알차게 보낼 수 있는 완벽한 여가 공간이다.

미술관을 가장 많이 이용하는 사람은 20대 싱글이다. 이들은 국립 현대미술관, 시립 미술관, 리움 미술관 등 티케팅 전쟁을 유발한 블록버스터 전시를 가득 채운 주역이다. 2023년 상반기 핫한 전시 중 하나로 꼽힌 리움 미술관의 마우리치오 카텔란 개인전 〈WE〉의 관람 비율은 20대가 28%로 가장 높았다.[9] 무료 전시 예매가 어려워 당근마켓에서 티켓을 유료로 판매하는 해프닝도 벌어졌다. 핫플에 민감하고 새로운 공간과 장소 정보를 가장 빨리 접하는 20대는 새로운 시각 예술 향연이 펼쳐지는 미술관을 가장 자주 찾는 주요 관람객이다.

20대는 공간 발굴력과 소셜 영향력이 막강한 세대다. 이들은 새로운 장소를 적극 탐색하고, 즐기고, 다른 세대에게 전파한다.

박물관, 미술관, 갤러리 이용자 구성

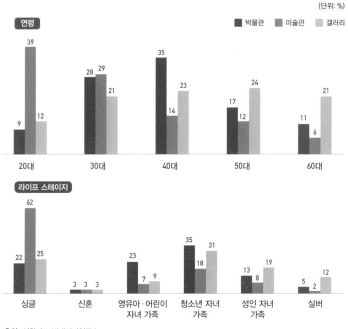

(단위: %)

■ 박물관 ■ 미술관 ▨ 갤러리

연령

구분	박물관	미술관	갤러리
20대	9	39	12
30대	28	29	21
40대	35	14	23
50대	17	12	24
60대	11	6	21

라이프 스테이지

구분	박물관	미술관	갤러리
싱글	22	62	25
신혼	3	3	3
영유아·어린이 자녀 가족	23	7	9
청소년 자녀 가족	35	18	31
성인 자녀 가족	13	8	19
실버	5	2	12

출처 신한카드 빅데이터연구소
분석 기간 2023. 1H

전시가 열릴 때마다 새로운 공간으로 바뀌는 미술관은 그들에게
신선한 화제 공간이다.

20대에게 관심을 받으면 전 세대에게 주목받는 공간이 된다.
아르떼뮤지엄, 피어리스미디어처럼 사람이 몰리는 미디어아트와
전시장을 살펴보면 화제가 된 초기에는 20대 이용 비중이 높다.
그러나 해를 거듭할수록 30대·40대·50대 이용 비중이 늘어난다.

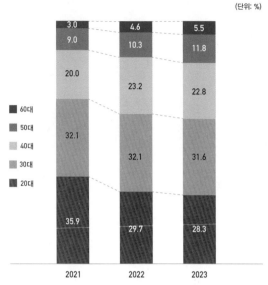

미디어 아트 전시 이용 고객 구성 변화

(단위: %)

- 60대
- 50대
- 40대
- 30대
- 20대

2021: 3.0 / 9.0 / 20.0 / 32.1 / 35.9
2022: 4.6 / 10.3 / 23.2 / 32.1 / 29.7
2023: 5.5 / 11.8 / 22.8 / 31.6 / 28.3

출처 신한카드 빅데이터연구소

    갤러리는 전시 관람이 무료지만 영리사업을 목적으로 작품을 판매하는 공간이라 구매자 이용 정보에서 단순 관람객과 차이가 있다. 예술품은 대부분 가격대가 고가라 구매 절차가 단순하지 않고 '유일한' 상품이다 보니 그 성격도 일반 재화와 다르다. 가치 평가가 어려운 예술품을 갤러리에서 구매한 사람들은 예술에 관심과 애호가 깊은 사람들이다.

    갤러리의 주 이용 고객층은 40대지만 이용 비중 세대 분포는 미술관이나 박물관보다 훨씬 더 다양하다. 비교적 고가인 예술품 가격대와 20대가 NFT, 온라인 갤러리, 직거래 플랫폼 등을 이용한 예술품 구매를 선호한다는 것을 고려할 때 아직까지 20대의 갤러리 소비 규모는 상대적으로 낮은 편이다. 그렇지만 20대를 제외하면 미술관과 박물관이 특정 연령대나 세대 구성에 집중된 것과 달리 비교적 다양한 연령대에서 예술품을 구매하고 있는 것으로 나타난다.

연령대별 분류가 아닌 예술 공간을 찾는 사람들의 관심사를 살펴보면 어떤 차이점이 있을까?

예술 공간을 방문하는 사람들은 공통적으로 도서, 영화 같은 문화 콘텐츠에 관심이 높다. 다만 박물관 이용자는 운동경기를 좀 더 관람하는 이들의 경향이 보여주듯 '가족형' 콘텐츠에 관심이 높다. 미술관 이용자는 해외여행 같은 새로운 장소와 탐험에 관심이 많고, 갤러리 이용자는 특급 호텔이나 테니스처럼 고가의 여가 생활을 더 높은 비율로 즐기고 있다. 미술관 이용자의 해외여행 결제 비중이 높게 나타난 데이터로 이들이 해외여행에서 경험한 미술관 추억이 국내 미술관에 관심을 보이는 계기가 되었을지 모른다는 가설도 세워볼 수 있다.

비록 연령대별, 라이프 스테이지별 차이는 있어도 모든 연령대에서 고르게 다양한 예술 공간을 방문함으로써 자신만의 시각과 관점으로 예술 경험을 쌓고 있는 것은 분명하다. 비숍은 박물관이 '포퓰리즘 사원'으로 바뀌었다고 비평했지만 이를 현시대에 맞게 해석하면 특정 계층만 누리던 예술 공간이 더 넓어진 접점에서 보다 많은 사회구성원과 접촉하고 있다고 할 수 있다. 이는 예술이 상위 문화라는 고정관념을 허물고 더 다양한 사람에게, 더 다양한 곳에서, 더 많은 방식으로 다가가게 한다.

예술을 좋아하는 사람은 남다른 경제력을 지닌 사람이 아니다. 편리보다 감동에서 효용을 느끼고, 기술보다 인간성의 관여가 높은 경험에 기꺼이 비용을 지불하는 사람이다. 이들은 문화

이용자 여가 소비 패턴

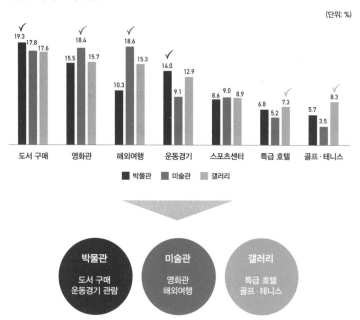

출처 신한카드 빅데이터연구소
분석 기간 2023. 1H

콘텐츠와 새로운 세상에 보이는 관심을 기반으로 자신의 세계에 감수성을 이식한다. 예술 공간을 찾는 사람이 늘어나는 것과 다양한 예술 공간 탄생은 사회의 여가 문화와 소비의 밀도와 깊이가 달라졌음을 보여준다.

예술을 즐긴다는 것=현실을 디톡스한다는 것

이제 사람들이 예술 공간을 방문하는 이유에 귀를 기울여보자. '경험 목록'을 일상의 이력서로 전시하는 소셜 네트워크 시대에 언제나 새로운 전시회를 열어 새로운 경험을 꾸준히 업데이트할 수 있는 예술 공간만큼 매력적인 장르는 없다. 그래서 그런지 최근 예술 공간과 새로운 전시는 '인생 사진'을 건질 수 있는 인스타그래머블한 공간으로 인기를 끌고 있다.

하지만 그것은 예술 공간을 방문하는 이유를 설명하기에 다소 부족하다. 새롭고 인스타그래머블한 장소는 예술 공간 외에도 충분히 있다. 다른 공간에는 없고 오직 예술 공간에만 존재하는 방문 이유를 찾으려면 소셜 미디어상에서 장소별로 차별화한 특징과 공통적인 특징을 분석해볼 필요가 있다.

각 공간은 차별 키워드와 공통 키워드가 분명하다. 먼저 차별 키워드를 살펴보면 박물관은 '유익'과 '재미', 미술관은 '여유'와 '낭만', 갤러리는 '예술'과 '강렬함'이 눈에 띈다. 실제로 박물관은 유익과 재미를 추구하는 공간이다. 이곳에서는 공들여 보존하고

박물관, 미술관, 갤러리 연관 감성 키워드

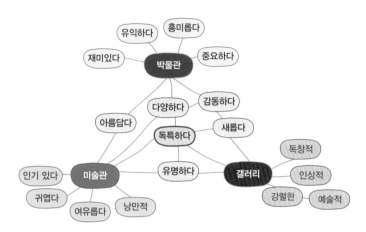

출처 썸트렌드 비즈
분석 기간 2021. 1.~2023. 6.

있는 중요한 소장품을 관람함으로써 유익한 시간을 보낼 수 있다. 이를 박물관의 주 이용자가 미성년 가족 구성원이라는 신한카드 데이터와 연관 지으면 박물관의 관람 목적은 더욱 선명해진다. 박물관에서 유익이라는 강박을 덜고 낭만과 여유를 한 스푼씩 얹으면 미술관의 특징이 드러난다. 이곳은 높은 층고, 개방감 있는 건축 구성을 즐기며 작품을 천천히 돌아볼 수 있는 여유로운 장소다. 갤러리는 공간이 지닌 장소성보다 예술가의 존재감을 더 강렬하게 느끼는 곳으로 독창적이고 인상적인 작품감상이 더 자주 나타난다.

주목해야 할 것은 모든 예술 공간 경험에 공통적으로 나타나는 '독특하다'라는 키워드다. 예술 공간은 아름다움을 넘어 독특한 것, 새로운 것을 보러 가는 장소다. 독특함 추구는 낯선 것에 보이는 관심이다. 예술 공간만큼 낯선 것을 만나기에 최적의 장소는 없다. 그곳엔 우리와 교집합이 희미한 '19세기에 태어난 미국 미술가 에드워드 호퍼' 같은 타인이, '르네상스 시대'처럼 살아본 적 없는 시대가 있기 때문이다.

세계관이 독특한 작가와 새로운 시대에 보이는 관심은 곧 '내가 아닌 사람'에게 관심이 있음을 의미한다. 우리는 왜 예술 공간을 탐구하고 누려야 할까? 어쩌면 여기에는 이유가 아닌 당위가 필요한지도 모른다. 예술 공간은 우리에게 '내가 아닌 다른 누군가', 다른 '독특한' 누군가의 세계에 적극 들어가 보는 경험을 제공하기 때문이다.

현대인은 데자뷔déjà vu 세상을 살아가기 쉽다. 실제로 많은 사람이 '미리보기'로 먼저 살펴본 세계를 재현하며 살아간다. 우리가 현실에서 보는 것은 디지털 이미지로 미리 봤을 가능성이 크다. 인증샷을 확인하고 방문하는 핫플레이스, 후기를 보고 주문하는 배달 음식은 모두 미리 본 것의 재현이다. 온라인상의 개인 공간 역시 재현한 공간이다. 소셜 미디어라는 가상 전시 공간은 현실에서 일어난 일을 디지털 이미지로 한 번 더 업로드한 것이니 말이다.

온라인 공간 출현은 낯선 것이 사라지게 하는 데 일조했다. 우리는 어디서 본 듯한 것을 반복적으로 본다. 더구나 최적화와 초

개인화 알고리즘은 나를 계속 탐구하고 분석해 '내가 좋아할 만한 것'을 추천하고 나와 닮은 것만 보게 한다. AI와 자아의 공동협업으로 완성한 내 관심사는 편향적이기 쉽고 그렇게 완성한 내 온라인 공간은 대개 비슷한 것으로 건축이 이뤄진다. 소셜 미디어 피드에 무작위(라고 하지만 결코 무작위일 수 없는)로 뜨는 것이 과연 내 취향일까? 한 번 본 적 있는 영상과 비슷한 영상을 계속 보고, 눈길이 간 옷과 비슷한 옷들만 추천받는 온라인 세상에선 낯선 것을 접하기가 쉽지 않다. 뉴 피드New Feed를 추천하지만 사실 그것은 과거에 내가 한 선택으로 만들어진 새로울 게 없는 새로움이다.

알고리즘으로 만든 공간에서는 나와 아주 다른 사람, 나와 아주 다른 세상을 만나기 어렵다. 알고리즘은 내가 동경하는 세상, 내가 꿈꾸는 세상의 이상향을 계속 제시할 수 있지만 그것이 낯설게 느껴지지 않으며 그게 세상의 전부도 아니다. 예술 공간의 역할은 다르다. 예술 공간에서는 내가 아닌 다른 사람의 세계가 펼쳐진다. 그곳에는 나와 관련 없는 사람의 세계가 있다. 그래서 우리는 나와 다른 독특한 세계를 경험하기 위해 예술 공간으로 간다.

예술 공간의 두 번째 공통 키워드는 '감동'이다. 감동은 새로울 것 없는 코드지만 낯선 공간에서 접하게 되는 감동에 주목해보자.

예술 공간은 전적으로 아티스트가 만든 곳이다. 전시 기획자인 큐레이터는 관람객이 아티스트의 작품에서 의미 있는 메시지를 발견하도록 돕는다. 자기만의 세계를 구축한 예술가의 내면 세계를 시각화한 작품을 감상하다 보면 작품 너머의 것이 느껴진다. 다른 나라, 시대, 환경에서 성장한 작가가 창작한 세계의 독특함에 감동하기도 한다. 이는 주인공의 서사와 상황에 이입해 눈물을 왈칵 쏟게 하는 것이 아니라, 아티스트가 세상을 이해하고 표현한 새롭고 아름다운 방식에 보내는 경이와 경외의 감동이다.

현대 도시 생활을 향해 질문을 던지기로 유명한 설치 예술가 도미니크 곤잘레스 포에스터는 "전시는 관객을 예술적 순간 안에 좀 더 머물러 있게 함으로써 시간과 공간을 획일적으로 경험하는 관습에 저항하는 방식"이라고 말했다. 예술가는 늘 반복적인 일상, 관습, 규칙에 얽매여 살아가는 사람들에게 세상을 바라보는 독특한 시각과 독창적 가능성을 제안한다. 그러한 제안이 불러일으키는 감동은 어쩌면 우리가 일상에서 간절히 원하는 해방일지도 모른다.

국립 현대미술관에서 진행한 최우람의 개인전 〈작은 방주〉는 8개월 새 무려 93만여 명이 방문한(2023년 5월 기준) 인기 전시다. 이 전시를 경험한 후기를 찾아보면 세상을 감각하는 다른 관점을 향한 감동이 이어진다. "어떻게 같은 세계에 살고 있으면서 이런 문제 제기를 할 수 있는가. 양극화, 기후변화를 설명하면 어려워진다. 그런데 이 작품을 보면 위기의식과 불안함을 느낄 수 있다. 전시회를 가야 하는 충분한 이유가 있는 경험이었다."

국립 현대미술관 옆 국제갤러리에서 유영국 전시를 관람한 사람들의 평을 찾아봐도 비슷한 맥락의 감동이 읽힌다. "아름다운 색감을 보고 행복했다. 이렇게 우리 자연을 따뜻하게 바라보고 표현할 수 있다니!"

익숙한 것에서 벗어난 듯한 감각을 제공하는 공간은 늘 인기다. 천재성이 엿보이는 작품을 감상하는 것도 역사가 오래된 행위다. 그러나 대한민국에서 그 행위와 공간이 다른 어느 때보다 낮아진 문턱으로, 많은 사람을 끌어모으는 시대는 지금이 처음 아닐까?

문화 공간으로 생활의 다양한 가능성을 전시로 선보이는 피크닉piknic의 전시인 〈정원 만들기Gardening〉을 경험한 사람들의 후기에서 느껴지는 감동의 결도 비슷하다. "1층 실내에서 마주한 독특하고 거대한 작품! 우리 집 식탁에 놓인 식물이 이렇게 다채로운 색감과 형태의 오브제가 될 수 있다니! 제 일상을 되돌아봤어요. 찬란한 색감이 깃든 풍경 속에서 살아 숨 쉬는 식물을 키우며 살고 싶어졌어요. 감동적인 전시였습니다."

온라인이 초개인화와 최적화 알고리즘으로 내게 가장 익숙하고 편리한 세계를 제공한다면, 예술 공간은 내게서 가장 멀고 내게 불편한 낯선 세계를 아름다운 방식으로 제시한다. 그야말로 익숙하고 커스터마이즈한(원하는 대로 주문 제작하는) 세계가 아닌 어색하고 이질적인 세계로의 초대다. 사람들은 평범한 일상에서 벗어나 다른 생각과 시야를 얻기 위해 기꺼이 전시 티켓을 끊고

피크닉piknic의 〈정원 만들기Gardening〉 전시 풍경

출처 피크닉piknic

자신을 불편한 상황으로 밀어 넣는다. 예술 공간은 나노 타깃팅으로 내게 딱 맞는 것을 제안하지도 않고, 섬세한 배려로 내 불편함을 줄이려 하지도 않는다. 도슨트 서비스가 없으면 모든 해석은 그저 내 몫일 뿐이다.

다소 거칠고 불친절한 예술 공간을 방문하기 위해 지갑을 여는 사람이 늘어나는 이유는 무얼까? 독특함과 감동을 얻기 위해, 알고리즘과 네트워킹으로 짜인 온라인 세계에서 벗어나 예측 불가한 낯선 세계를 경험하기 위해서가 아닐까? 혹시 현대인은 낯선 곳에 처음 발을 들일 때 돌풍처럼 휘몰아치는 신선한 환기 감각을 누리고 싶어 하는 것은 아닐까?

현대인이 예술 공간을 찾는 이유는 관습적인 우리 일상에 독특한 감동을 불러일으키는 예술가의 낯선 세계를 활용해 현실을 '디톡스'하고 싶기 때문인지도 모른다. 현대인은 본 것으로 가득한 온라인 세계와 본 것이 아닌 걸 상상하기 힘든 물리적 일상을 살아가고 있다. 예술 공간은 그런 현대인에게 삶의 새로운 가능성을 제안하는 예술이 주는 디톡스를 누리게 해준다.

도심형 엔터테인먼트 공간이 도시의 가장 중요한 화두인 시대에 사람들이 여가·문화 공간인 예술 공간을 환영하고 사랑하는 현상을 주의 깊게 관찰해보자. 그들의 환영과 사랑의 기저에 담긴 시대적 감수성 변화는 새로운 비즈니스 기회의 실마리가 될 수 있다.

감각, 감성, 감동을 깨우는 공간을 기획하라

온라인 신대륙에는 새로운 미디어, 리테일, 여가 장소가 줄지어 들어섰지만 우리는 여전히 실체가 있는 공간을 원한다. 홈페이지가 집을 대체하지 못하고 VR로 보는 공원 이미지가 자연의 상쾌함을 재현할 수 없듯, 오직 물리적 공간만 줄 수 있는 경험과 기쁨이 존재한다.

우리가 앞서 살펴본 3개 공간인 브랜드 공간, 숙박 공간, 예술 공간은 과거부터 있었다. 하지만 이제 과거와 다른 역할과 목적을 수행하며 새로운 장르적 특성을 드러내고 있다. 그 공통점은 모두 새로운 경험을 제공한다는 것이지만 경험으로 요약하기엔 각 공간의 역할에 따라 차별점과 시사점이 다르다. 성공적인 팝업 스토어와 플래그십 스토어 사례는 오프라인 리테일이 온라인에 대항하기 위해 특별히 신경 써야 할 것은 '상황의 동선'임을 확인해준다. 여행 공간은 일상의 대척점인 환상을 제공하기보다 편집한 일상을 보여줌으로써 일상의 로망을 실현해주는 감성 숙소 카테고리로 진화하고 있다. 문턱이 낮아진 예술 공간은 친절하게 최적화한 맞춤형 서비스를 마다하고 낯선 공간에서 새로운 감각을 환기할 수 있는 현실 디톡스 공간으로 자리매김하고 있다.

무엇보다 세 장르는 사람들이 공간을 인식하는 방식과 소비하는 방식이 어떻게 변화했는지 뚜렷이 보여준다. 사람들이 스크린 밖으로 나가 기꺼이 발걸음하는 공간의 새로운 장르를 만들려면 다음 3가지 변화를 염두에 두어야 한다.

공간의 틀을 깨부수고 새로운 역할을 부여하라

노래방과는 다른 코인 노래방, 세탁소와는 다른 코인 빨래방처럼 새로운 공간은 기존 공간의 역할에 충실하되 한계를 극복하며 발전했다. 사회 인식 변화로 서비스 제공 방식이 달라지거나 시대에 맞게 특정 기능을 교정하면서 사람들의 발길을 끄는 장소로 업데이트한 것이다. 지금 사람들이 찾는 공간은 온라인의 공간 한계를 극복하고 새로운 소비문화를 바탕으로 발전한 사례다. 사실 매장, 숙소, 박물관은 그리 새로울 것 없는 장소 같지만 여기에 과거와 다른 새로운 역할과 의미를 부여해 사람들의 주목을 받고 있다. 그 공간들이 새로운 역할을 하게 된 이유는 기존 역할, 분류, 정체성을 허물고 새로운 카테고리로 재탄생했기 때문이다.

브랜드 공간은 고객이 '사게 하는' 대신 '하게 하는' 쪽으로 매장의 역할을 바꿔 팝업 스토어와 플래그십 스토어라는 카테고리에서 흥행했다. 숙박 공간은 호텔, 모텔 같은 기존 분류에 무력하게 얽매이지 않고 사람들에게 머묾의 가치를 극대화한 숙박 경험을 제공함으로써 공간의 다양성을 확대했다. 심지어 숙소 형태이면서도 숙박을 제공하지 않는 서비스까지 등장했다. 예술 공간은 소위 특권층이나 엘리트층의 문화 공간이 아니라 모두가 즐기는 공간으로 거듭나며 연일 더 많은 사람을 끌어모으고 있다.

온라인이든 오프라인이든 기존 공간이 시대에 맞지 않는 역할을 한다면 그 한계를 극복하도록 동시대적 해결법을 고민해야 한다. 디지털 콘텐츠의 포화 속에서 공간은 차별화한 경험을 창출했다. 그러면 공간 포화 상황에서는 어떤 전략으로 차별화를 꾀해야 할까? 만약 지금 비즈니스가 공간상의 문제에 봉착해 있다면 가장 좋은 해결법은 스스로 새로운 공간 카테고리를 창출하는 것일 수 있다. 모두가 가성비를 외칠 때 가심비를 장착한 감성과 파인 카테고리처럼 모두가 감성과 파인을 외칠 때는 다른 방식으로 소비자 수요를 충족시킬 메타 카테고리 공간을 스스로 개척해야 한다. 분명 고객은 그 신선함에 기쁘게 반응할 것이다.

결핍을 알면 기회가 보인다

흥행하는 공간은 2가지 결핍의 교집합을 충족해준다. 2가지 결핍이란 온라인에서 할 수 없는 것과 일상에서 재화로 구매할 수 없는 것을 말한다. 온라인에서 할 수 없고 일상에서 재화로 구매할 수 없는 것의 교집합은 '새로운 공간'으로 탄생한다. 이런 이유로 온라인과 일상에서 해소하지 못한 다른 차원의 경험을 충족해주는 소비 공간은 주목을 받는다.

사람들이 온라인 공간에서 어떤 불편함과 한계를 느끼는지 면밀하게 살펴보자. 또 사람들이 일상생활에서 '바라고는 있지만' 쉽게 이룰 수 없는 갈증 구간을 이해하자. 가령 반신욕을 하고 싶은데 집에 욕조가 없는 자취생을 위한 합리적이고 사적인 반신욕 공간은 어떨까? 옷을 입어보고 사려는 사람에게 옷을 입어보도록 쇼룸을 제공하는 온라인 브랜드처럼, 반려동물과 함께하려는 사람에게 반려동물 카페를 제안하는 것처럼, 사람들은 충족하지 못한 니즈를 해소해주는 공간으로 몰린다.

로망을 실현하는 공간을 기획하라

공간에 부가가치를 부여하는 요소가 달라졌다. 공간의 부가가치는 일상을 기준으로 부여된다. 일상 공간, 온라인 공간에서 누릴 수 없던 것을 제공할 때 그 공간의 부가가치는 상승한다.

브랜드 공간, 숙박 공간, 예술 공간

공간	부가가치
브랜드 공간	새로운 상황의 부가가치
숙박 공간	감성의 부가가치
예술 공간	감동의 부가가치

새로운 상황, 공간 기획자가 창출한 감성 그리고 공간에서 느끼는 감동까지 일상과 온라인에서 느끼지 못하던 것을 제공하는 공간의 새로운 부가가치에 주목해야 한다.

주의할 것은 상황, 감성, 감동을 평가하는 고객의 안목이 높아졌다는 점이다. 경험이 쌓이면 안목이 올라간다. 공간을 소비하는 고객의 안목이 높아졌기에 공간 기획과 구성의 밀도는 더 높아져야 한다. 사람들이 공간을 평가하는 감식안과 수준이 얼마나 높아졌는지 끊임없이 확인하자.

플래그십 스토어가 하나일 때나 팝업 스토어를 한두 번 가본 사람이 보이는 반응과 주말마다 다양한 플래그십 스토어와 팝업 스토어를 방문하는 사람이 보이는 반응은 당연히 다르다. 호캉스를 향한 관심이 높아지면서 특급 호텔에 놓여 있는 어메니티amenity(호텔에서 무료로 제공하는 비품)의 브랜드나 침구 브랜드로 호텔을 평가하기 시작한 것처럼 다양한 경험은 고객의 안목과 감식안을 높인다. 이제는 숙소에 놓인 안내 카드 문구의 어휘, 수건을 접는 방식은 물론 심지어 ESG 관점에서 친환경까지 따진다.

예술 공간 안목도 경험을 축적하면 올라간다. 따라서 전시 기획 수준, 작품을 보여주는 방식, 전시 타이포그래피의 적정성, 전시 동선까지 세세하게 평가한다.

결국 공간의 새로운 부가가치와 이를 평가하는 고객의 안목을 이해하고 그것을 충족해주기 위해 노력해야 한다. 고객에게 새로운 가치를 줄 수 있으면 고객 만족을 실현하는 새로운 공간으로 거듭날 수 있다.

'미국 시의 아버지'로 불리는 시인 윌리엄 컬런 브라이언트는 뉴욕의 도시 계획을 맡은 로버트 모지스에게 "이곳에 공원을 만들지 않으면 앞으로 똑같은 크기의 정신병원을 만들게 될 것"이라고 충고했다고 한다. 전 세계에서 가장 유명한 공원 '센트럴 파크'가 창출한 정서적 효과를 경제 수치로 환산할 수 있을까? 그곳에서 만든 추억과 얻은 위안, 위로의 가치를 이해하려면 계산이 아니라 공감이 필요하다.

어떤 공간을 기획할 것인가는 '어떤 삶을 제안할 것인가'와 같은 뜻이다. 지금껏 살펴본 세 장르는 더 나은 정서적 부가가치를 제공한다. 고객이 돈과 시간을 소비해 얻은 것은 새로운 상황, 새로운 감성, 새로운 감동이다. 고객은 이를 바탕으로 더 윤택한 삶을 누리고자 한다.

새로운 공간 비즈니스를 기획할 때 기억해야 할 것은 온라인이 아닌 오프라인 공간에는 이전보다 더 생생하게 사람들의 감각과 정서를 자극하고 회복해줄 의무가 있다는 점이다. 랜선 밖 세상에서만 감각할 수 있는 세상의 풍요를 더 만끽하도록, 사람들이 더 풍부한 감각을 누리도록, 공간을 기획해야 한다. 단순히 새로운 경험이 아닌 환상적인 모험이 될 수 있는 새로운 공간의 장르가 탄생하길 바란다. 새로운 공간의 부가가치는 고객에게 새로운 사치, 즉 호사의 감각을 제공한다. 새로운 호사의 시대가 왔다. VPRO가 제작한 다큐멘터리 제목처럼 바야흐로 〈Offline is the New Luxury〉의 시대다. 다른 어떤 소비보다 큰 만족감을 주는 새로운 메타 카테고리 공간을 만드는 것이 바로 '새로운 공간 비즈니스'의 기회다.

PART 6

가치 차별화

**취향을 넘어
관점을 설계하는
전략이 필요하다**

나를 찾기 위한 적극적 탐색

MBTI 검사를 해본 적 있는가? 한때 MBTI 열풍이 불면서 자신의 MBTI를 모르면 트렌드에 뒤처진 사람으로 여겨지기도 했다. 일부 기업은 자사 상품을 서비스와 연결한 변형 MBTI를 개발해 마케팅 요소로 활용하면서 소비자의 이목을 끌었다.

MBTI는 유독 한국에서 큰 화제였다. 사람들은 왜 그렇게 MBTI에 열광하는 것일까? 여러 이유 중 하나는 내가 누구인지 알고, 나 자신에게 집중하고자 하는 인간의 기본 심리를 자극했기 때문이다. 특히 관계를 중요시하는 한국인의 특성상 자신뿐 아니라 타인도 잘 알아서 관계 맺기에 성공하고 싶은 욕구도 영향을 미쳤을 것이다. 더 나아가 최근에는 퍼스널 컬러 진단, 유전자 검사가 주목받고 있다. '생기부(생활기록부) 인증' 열풍도 불고 있다. 대학 입시 준비생이 아니라 일반인이 학창 시절 선생님이 써주신 '행동 특성 및 종합 의견'을 소셜 미디어에 올리는 식이다. 그만큼 자신의 성향이나 특징을 파악해 자기 자신을 잘 이해하고 싶어 하는 사람이 늘고 있다.

이처럼 사람들은 나만의 개성을 찾기 위한 활동에 집중하면서 '나'를 발견하고 표현하려는 노력을 기울인다. 이는 개인의 취향 탐색에도 영향을 주어 자신이 무엇을 좋아하고 싫어하는지 적극 탐구하고자 하는 이들이 증가했다.

취향 소비에서 관점 소비로

사람들의 취향 발견 욕구는 소비에도 영향을 주었다. 획일화한 제품 가운데 가격이나 품질이 아닌 자신이 좋아하는 스타일, 디자인, 색상 등 개인의 선호를 기반으로 제품을 선택하고 구매하는 경향이 나타나면서 '취향 소비'라는 신조어도 등장했다.

그런데 이제는 개인의 취향에만 의존하지 않고 자신만의 기준과 가치를 담아 제품을 평가하고 선택하는 '관점 소비'의 모습을 보인다. 이는 좀 더 넓은 시각과 태도로 자신만의 소비를 결정하려는 움직임이라 할 수 있다.

그러면 취향과 관점은 어떻게 다를까? 취향은 개인이 좋아하거나 선호하는 것이고, 관점은 상황이나 사물을 바라보는 태도 혹은 생각의 방향성이다. 결국 관점이 좀 더 사회, 문화, 정치 배경이나 가치관 등의 영향을 받는다.

이해를 돕기 위해 치킨을 주문한다고 가정해보자. 프라이드와 양념 치킨 중 어느 한쪽을 선택 할지는 개인의 취향에 따른 결정이다. 반면 "A 브랜드는 직원 처우가 열악한 기업이라 불매하겠다"라거나 "B 브랜드는 무항생제 닭을 좋은 기름에 튀겨서 신뢰가 가니 조금 비싸도 B 기업 치킨을 먹을래" 같은 결정은 관점에 따른 소비 의사 결정이라고 할 수 있다.

취향은 시시때때로 바뀔 수 있고, 관점은 쉽게 변하지 않는 신념에 더 가까운 개념이다. 우리의 소비는 개인의 취향을 드러내는 소비 형태에서 관점까지 고려한 소비로 진화하는 중이다. 우리 일상에서 관점 소비의 모습을 발견할 수 있는 사례에는 어떤 것이 있을까? 그 특징을 기반으로 새로운 비즈니스 기회를 모색해보자.

세상의 표준에서 나만의 표준으로

사회적으로 통용되는 기준이 아닌 나만의 표준을 새롭게 정의하는 '표준Standard 재정의'에는 판단 잣대와 의사 결정의 중심에 나만의 관점이 있다. 대표적으로 식사 1인분을 재정의하면서 등장한 0.5인분 사례가 있다. 고물가 시대에 비싼 외식비를 부담스러워하는 사람은 물론 여러 가지 음식을 세미 뷔페처럼 차려놓고 다양하게 맛보고 싶어 하는 사람에게도 0.5인분 분식, 0.5인분 중식 등은 매력적이다.

그러나 우리가 주목해야 할 0.5인분 식사의 타깃은 적게 먹는 사람, 일명 '소식좌(음식을 적게 먹는다는 뜻의 소식小食과 어떤 일에 탁월한 능력을 갖춘 장인이란 의미를 지닌 좌座를 합한 신조어)'다. 일반적인 1인분 식사보다 적게 먹는 사람에게 식당의 1인분은 부담스럽다. 양도 양이지만 남은 음식을 모두 음식물 쓰레기로 처리해야 하는데 환경 측면에서 이는 바람직하지 않다.

다행히 소식좌들의 니즈를 반영해 0.5인분 식사를 전문으로 판매하는 식당이 등장했다. 가령 중국음식점 '쩸오각'은 0.5인분 자장면과 짬뽕 등을 선보였고, '노브랜드 버거'에서는 0.5인분 그린샐러드 미니를 출시했다. 또한 분식점 '현선이네' 떡볶이부터 미식가의 식당으로 여겨지는 미쉐린 가이드 선정 '교양식사' 양갈비까지 다양한 0.5인분이 새로운 관점의 1인분으로 인정받으며 소식좌의 한 끼 식사를 해결해주고 있다.

대용량 음식을 먹는 '먹방' 트렌드에 밀려 자신의 목소리를 내지 못하던 소식좌들이 소식 정체성을 드러내며 각자의 관점에서 당당하게 '1인분' 식사량을 재정의하는 가운데 이를 겨냥한 새로운 비즈니스가 등장하고 있다. 적은 양의 식사로 식도락을 즐기는 소식 바람이 새로운 외식 문화를 창조하고 있는 것이다.

내가 선택한 차선이 내게는 최상

나만의 관점을 적용해 표준을 재정의한 사례는 유통업에서도 쉽게 찾아볼 수 있다. 과일이나 채소를 구매할 때, 과거에는 흠집과 모양 이상 등을 꼼꼼하게 살피는 것이 하나의 구매 기준이었다. 최근에는 외형이 최상급은 아니어도 맛과 품질에 이상이 없다면 저렴한 가격으로 구매하려는 소비자가 늘고 있다. 구매 가치가 없다고 여기던 상품을 합리적인 가성비로 공급해 판매자와 소비자를 모두 만족시키는 소비 생태계가 조성된 것이다. 그 관심도는 소비자들이 소셜 미디어에서 '못난이 상품'이나 'B급 상품'을

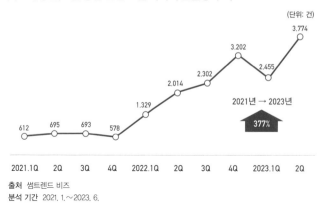

못난이 상품, B급 상품 관련 소셜 미디어 언급량 추이

(단위: 건)

612 695 693 578 1,329 2,014 2,302 3,202 2,455 3,774

2021년 → 2023년

377%

2021.1Q 2Q 3Q 4Q 2022.1Q 2Q 3Q 4Q 2023.1Q 2Q

출처 썸트렌드 비즈
분석 기간 2021. 1.~2023. 6.

언급한 양이 377% 증가한 사실로 확인할 수 있다. 이는 고물가의 영향으로 생활비에 부담을 느낀 소비자들이 상품 구매 기준과 관점을 바꾼 결과다. 소비자들이 기꺼이 '돈을 주고 구매할 만한 물건' 기준이 최상에서 차선으로 변화한 셈이다.

유기농 못난이 농산품 구독 서비스 플랫폼 '어글리어스'는 구독자가 4만 명이 넘는데, 이들의 이용 만족도는 5점 만점에 무려 4.9점에 이른다. 이들은 외형 기준 미달로 유통이 어려운 좋은 농산품을 활용해 새로운 기회를 찾고 고객과 환경, 농가 모두의 상생을 돕는 유통 채널로 주목받고 있다.

대기업이 운영하는 유통업체와 이커머스도 못난이 농산품 전문 브랜드를 출시하거나 관련 기획전으로 소비자를 끌어들이고 있다. 가령 컬리는 2023년 6월 못난이 채소 브랜드 '제각각'을 출

어글리어스

출처 어글리어스 홈페이지

컬리 '제각각'

출처 컬리 홈페이지

시했다. CU는 맛과 품질은 좋아도 색상 혹은 모양 문제로 상품성이 낮은 B급 채소를 판매하는 '싱싱상생' 브랜드를 론칭했다. SSG닷컴은 '못난이 농산물 구출 대작전'이라는 프로젝트를 진행했고, 11번가는 못난이 농산물 전문 브랜드 '어글리러블리'를 운영 중이다.

농산물뿐 아니다. 매장에 전시되었거나 소비자가 반품한 물건을 정상가보다 저렴하게 판매하는 리퍼브 전문몰과 유통기한이 임박한 식품을 판매하는 유통업체도 성장하고 있다. 실제로 신한카드 데이터로 살펴보니 2019년 대비 2023년 월평균 이용 건수가 리퍼브 전문몰은 194.6%, 유통기한 임박몰은 177.6% 증가한 것으로 나타났다. 이는 소비자들이 생각하는 '돈을 주고 구매할 만한 물건' 기준이 달라지고 있음을 보여준다.

리퍼브 전문몰 월평균 이용 건수

(단위: 천 건)

출처 신한카드 빅데이터연구소
분석 기간 2019. 1~6. & 2023. 1~6.

유통기한 임박몰 월평균 이용 건수

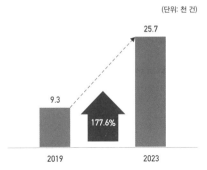

(단위: 천 건)

출처 신한카드 빅데이터연구소
분석 기간 2019. 1~6. & 2023. 1~6.

버려진 것들의 재발견

소비자들은 과일에 조금 흠이 있어도 맛과 신선도, 영양에 문제가 없다면 구매를 주저하지 않는다. 사용하는 데 지장이 없는 가구나 전자제품의 작은 하자도 개의치 않는다. 본질에 문제가 없고 작은 결함을 감내하는 보상으로 합리적인 가격 조건이 주어지면 그 제품은 소비자의 심리적 허용 범위 안에 들어간다.

사회에서 오랫동안 당연시하던 한 끼로 적당한 식사량, 돈을 주고 살만한 가치가 있는 물건의 오랜 기준이 사라지고 점차 새로운 기준이 생겨나고 있다. 그것은 강제성을 띤 범사회적 기준이 아니라 개개인이 자신의 관점이나 필요에 따라 설정한 기준이다. 남들이 정해놓은 표준을 무비판적으로 따르지 않는다는 얘기다. 이는 한 가지 기준에 모두 맞추는 것이 아닌 다양한 기준을 허용하고 인정하는 사회 분위기가 형성된 덕분이다. 이것은 다채로운 관점 표현으로 자신만의 기준으로 살아가고자 하는 소비자의 의지와 이를 수용하는 사회의 바람직한 모습이다.

네임 밸류보다 트루스 밸류

네임 밸류Name Value 하면 무엇이 떠오르는가? 아마 애플, 갤럭시 같이 우리가 늘 들고 다니는 휴대전화 브랜드를 비롯해 주로 대기업에서 생산하는 제품을 연상할 것이다. 이처럼 제조사나 상표에서 느끼는 구매 가치를 소비 관점의 네임 밸류라고 한다. 트루스 밸류Truth Value는 다양한 리뷰, 영상 등으로 얻은 정보의 진위를 판별하고 팩트를 기반으로 소비자에게 전달하는 진정성에 구매 가치를 느끼는 것이다.

다양한 정보를 쉽게 접하기 어려웠던 과거에 소비 결정의 핵심 요소는 품질이었다. 잘 알려진 대기업 브랜드를 곧 품질 보증처럼 여기기도 했다. 지금은 다양한 매체로 수많은 정보를 접하고 있고 어떤 게 좋은 제품인지 판단할 근거 자료도 많이 확보할 수 있다. 이에 따라 대기업 브랜드나 널리 알려진 브랜드가 아니어도 품질이 우수하고 자기만의 색깔이 있으면 시장 경쟁력을 충분히 갖출 수 있다. 오늘날 중요한 것은 기업 규모나 상표가 아니라 '진짜Real' 선별과 그 앎의 가치다.

메조미디어MezzoMedia에서 발표한 〈2023 화장품 업종 분석 리포트〉에 따르면 소비자들은 화장품을 구매할 때 제품 효능과 효과를 가장 중요시하는 것으로 나타났다. 구매 핵심 요인은 연령대별로 확연한 차이를 보였는데 20대는 다른 연령대에 비해 자신의 피부 타입 적합 여부를, 50대 이상은 브랜드나 제조사를 중요하게 여기는 것으로 밝혀졌다. 특히 20대는 화장품 관련 정보를 소셜 미디어(42%)나 동영상 채널(49%)에서 얻는다고 응답한 비중이 다른 연령대에 비해 높았다.[1] 종합하면 요즘 젊은 세대는 단순히 타인의 리뷰만 보는 게 아니라 여러 채널 정보를 비교 분석하면서 팩트를 체크하고, '진짜' 정보를 바탕으로 유명한 브랜드보다 괜찮은 제품을 선택해 지갑을 연다.

소비자는 대기업 제품이나 널리 알려진 브랜드가 주는 소비 효용 이상의 가치를 느끼게 하는 진짜에 지갑을 열고 팬이 된다. 경쟁이 치열한 시장에서 대기업이라는 우산이 아닌 자신의 힘으로 까다로운 소비자의 마음을 사로잡고 가치를 인정받은 사례를 토대로 소비자가 열광하는 진짜가 무엇인지 살펴보자.

본질에 집중한다

커피 브랜드 프릳츠Fritz는 산지에서 엄선한 원두를 로스팅해 최고의 맛과 품질을 제공하는 것으로 알려져 있다. 그러나 시장이 성숙 단계에 이르러 포화 상태인 커피 업계에서 소규모 후발주자가 맛과 품질만으로 승부를 거는 건 쉬운 일이 아니다. 프릳츠는 지극히 외국적인 커피와 빵을 지극히 한국적인 공간에서 판매하며 코리아 빈티지 콘셉트 공간과 굿즈 제공으로 카페에서 한국을 경험하게 한다. 또한 프릳츠의 원두를 사용하는 다른 카페와 레시피나 기술 노하우를 공유하는 한편, 커피 클래스를 운영하고 제빵 교본을 굿즈로 만드는 등 업의 본질을 활용해 고객 경험 기회를 늘려간다.[2]

입소문을 듣고 방문한 고객에게 사진 찍기 좋은 인증샷 명소 역할이 아닌 프릳츠만의 개성과 커피를 향한 진심을 전달하며, 소비자가 그곳에서만 경험할 수 있는 요소를 제공하는 것도 프린츠만의 강점이다. 이들은 규모는 작아도 업의 본질과 차별화한 진심 브랜딩으로 팬을 만들고 그들의 지지를 받으며 자리매김한 대표적인 트루스 밸류 사례다.

그 밖에도 작게 시작한 곳이 크게 성공한 사례는 많이 있다. 예를 들면 제작자의 정신을 담아 일하는 사람들이 공감할 만한 메시지를 솔직하게 전달하며 팬덤을 기반으로 성장한 모베러웍스Mo Better Works(더 나은 일), 자신들이 잘할 수 있는 한 가지(막국수)를 선택하고 여기에 집중해 인정받은 용인 '고기리 들기름 막국수' 등이 있다.

특히 고기리 막국수는 고객 대신 '손님'이라는 용어를 사용하는 등 직원들이 쓰는 어휘를 손님 관점으로 바꿨고, 손님 입장에서 관찰하고 분석하며 인사이트를 얻는다. 여기에다 시간이 흘러도 변함없는 맛과 손님 응대를 위해 음식 가짓수를 늘리거나 매장을 크게 확장하지 않으면서 그 철학과 진정성을 고스란히 전달한다.[3]

1980년 설립한 로라스타Laurastar는 유럽 내 스팀다리미 시장 1위 브랜드다. 필립스에 비해 판매량은 적지만 세계에서 가장 비싼 프리미엄 다리미를 판매한다. 다리미 한 제품에 집중해 그것의 기술, 디자인, 브랜딩까지 혁신적인 로라스타는 규모는 작아도 최고의 회사로 성장했다. 이 브랜드는 대기업이 시장을 장악하고 있어도 본질에 집중하며 나만의 강점을 찾으면 1위가 가능하다는 것을 몸소 보여주고 있다.

소비자의 마음을 사로잡은 이들 업체는 대형 유통업체에 입점하며 더 많은 소비자가 제품을 경험하게 했다. 프릳츠 원두와 고기리 막국수 밀키트는 입점이 까다롭기로 유명한 컬리와 B마트에서 판매하고 있고, 모베러웍스는 MZ세대 놀이터로 잘 알려진 더현대 서울 지하 2층에 팝업 스토어를 선보였다. 이는 작은 브랜드의 큰 힘을 보여주는 대목이자 이들이 대형 유통 채널과 상생하는 모습이라 할 수 있다.

작게 시작해 큰 성과를 이룬 로라스타부터 프릳츠, 고기리 막국수, 모베러웍스까지 이들의 공통점은 무엇일까? 이들은 크고 유명한 회사라는 우산과 네임 밸류가 없어도 스스로 잘할 수 있는 것에 집중하며 차별화한 강점과 브랜드 가치를 전달하려 했다. 또한 고객이 믿음과 신뢰를 경험하도록 진정성 있는 커뮤니케이션을 했다.

중요한 건 꺾이지 않는 진정성

네임 밸류는 더 이상 중요하지 않다. 상품과 서비스 품질은 이미 상향 평준화한 상태로 판매자가 갖춰야 할 필수적인 기본 요소로 여겨지고 있다. 이제는 업의 본질을 기반으로 차별화한 강점을 찾아 고객에게 솔직하고 진솔하게 다가서야 통한다. 다른 무엇보다 진정성이 중요한 소비 관점으로 부상한 것이다. 소비자는 더 꼼꼼하고 날카롭게 비교·분석하며 확인하는 동시에 소비자를 기만하면 과감하게 등을 돌린다.

이처럼 진짜를 찾으려는 소비자의 심리가 확대되면서 다양한 모바일 앱이 등장했다. 이를테면 유아용품, 화장품, 펫푸드, 단백질 등의 성분을 분석해서 유해 성분을 찾아주거나 실사용자의 리뷰를 토대로 랭킹을 선정하는 등 소비자에게 '참Real' 정보 혹은 바른 정보를 제공하는 앱이 소비자에게 긍정적 반응을 얻고 있다. 소비자들은 제품을 구매할 때 이러한 앱을 활용해 최종 구매 의사 결정을 한다.

이 현상은 한국뿐 아니라 세계적인 이슈다. 미국의 온라인 패스트패션 업체 '패션 노바Fashion NOVA'는 별점이 낮은 부정 리뷰를 뒤에 배치한 혐의와 관련된 소송에서 미국 연방거래위원회Federal Trade Commission, FTC로부터 벌금 420만 달러를 선고받았다. FTC 발표에 따르면 온라인상에는 가짜 리뷰 하나당 몇 달러를 받고 서비스를 제공하는 업체를 비롯해 AI 챗봇을 이용해서 가짜 리뷰를 작성하는 사례도 있다고 한다. 가짜 리뷰 논란이 커지자 FTC는 2023년 6월 온라인상의 가짜 리뷰 등 사기 관행을 금지하는 규정안을 입법 예고했다. 이 규정안은 제품이나 서비스와 관련된 가짜 리뷰 거래는 물론 긍정 리뷰를 다른 용도로 사용하는 것을 금지한다. 또한 부정 리뷰를 사용하지 않거나 회사 내부자가 직원임을 공개하지 않고 리뷰를 작성하는 행위도 금지한다. 이는 아마존, 구글, 인스타그램 등 온라인 플랫폼에서 제품이나 서비스와 관련된 가짜 리뷰 문제가 계속 이슈화하면서 마련한 조치다.

미국 시인 랠프 월도 에머슨은 "인간이 가진 모든 것 중에서 정직은 가장 확실하고 믿을만한 자산이다"라는 말로 정직의 경제적 가치를 강조한 바 있다. '경제학의 아버지'로 불리는 애덤 스미스도 그의 책《도덕감정론The Theory of Moral Sentimentals》에서 일반인이 성공하려면 다른 사람들의 도움과 호의에 의존해야 하므로 "정직이 최선의 방책"이라는 옛 속담은 완전한 진실이라고 했다. 이들은 고객을 속여서는 안 되며 상인을 비롯해 모두에게 성공을 위한 핵심 덕목은 정직임을 강조한 것이다.

실제로 정직함과 진정성의 가치는 점점 더 중요해지고 있다. 소비자와 만나려면 그들이 신뢰하고 중요시하는 가치를 담아야 한다. 제조사의 규모와 브랜드는 더 이상 크게 중요하지 않다. 규모가 작으면 고객을 더 가까이에서 대면하며 반응을 살피는 것은 물론 환경이나 소비자 니즈 변화에 즉각 대응할 수 있다. 작아서 변화가 빠른 시대에 기민하게 대처하며 소비자와 직접 소통할 수 있다는 장점도 있다. 작아도 괜찮다. 아니, 작아서 오히려 더 좋다. 소비자가 소비를 결정하는 관점은 네임 밸류가 아닌 트루스 밸류인 시대니 말이다.

대량 생산 이코노미에서 셀프 이코노미로

'제가 알아서 살게요.'

이것은 패션 플랫폼 지그재그에서 공개한 브랜드 영상 캠페인의 주제다. 강한 개성의 대명사로 불리며 소신 있게 자기 길을 가는 셀럽 6명(백예린, 해쭈, 신예은, 원지, 배유진, 리즈)이 모델로 등장하는 이 영상은 2023년 6월 말 영상 7건 합산 조회수가 660만 회를 넘으며 인기를 끌었다.[4] 특히 이 영상은 자신의 개성과 가치관을 중요시하는 만큼 타인의 생각과 관점이 다를 수 있음을 인정하고 다양성을 존중하는 Z세대에게 소구력이 있었다. 하나의 주제 아래 표현한 각각의 영상은 개별 모델의 독특한 캐릭터를 담아 다른 스토리를 전달했고, 젊은 소비자의 마인드를 잘 녹인 영상으로 호평받았다.

캠페인 주제 '제가 알아서 살게요'에서 '살게요'는 물건을 구매한다는 '사다Buy'와 인생을 '산다Live'는 의미를 모두 담고 있는 중의적 표현이다. 핵심 키워드는 '알아서on my own'가 아닐까 싶다. 주변 시선에 신경 쓰지 않고 도전하며 내 선택에 따라 내가 혼자 하겠다는 의미를 담고 있으니 말이다.

셀프 소비문화 확대

강한 개성만큼 생각도 가치관도 다양한 요즘 젊은 세대에게 나타나는 관점 소비의 특징은 셀프 이코노미Self Economy다. 셀프 이코노미란 스스로 알아서 자신에게 맞는 것을 찾고 만들며 소비하고 소유한다는 의미다. 이러한 소비 경향을 반영하듯 2023년 소셜 미디어상에서 '셀프' 관련 단어를 언급한 양은 2021년 상반기 대비 16% 증가했다. 셀프로 시작하는 다양한 신조어가 등장하고 관련 비즈니스도 영역을 확장하면서 셀프 산업이 성장하는 중이다.

신한카드 신규 가맹점 중에서 상호에 '셀프'가 들어간 업종 분포를 살펴본 결과, 2021년보다 2023년에 그 분야가 더 다양해졌다. 가령 셀프 가맹점 개설 순위 9위였던 셀프 사진관(스튜디오)은 2023년 3위로 상위권에 진입했다. 상위 10위 안에 없던 셀프 라면가게, 셀프 학업 시설(자기주도 입시학원, 독서실 등)이 10위권에 등장했고 기타 업종 비중은 1.3%에서 3.8%로 3배 가까이 증가했다. 기타 업종 중에서 2023년 새롭게 등장한 업종은 셀프 미용실, 셀프 과일가게, 셀프 정비소, 셀프 반려견 목욕탕 등으로 관련 비

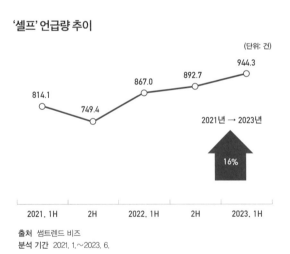

'셀프' 언급량 추이

(단위: 건)

814.1 / 749.4 / 867.0 / 892.7 / 944.3

2021년 → 2023년

16%

2021. 1H   2H   2022. 1H   2H   2023. 1H

출처 썸트렌드 비즈
분석 기간 2021. 1.~2023. 6.

'셀프'로 시작하는 다양한 영역

분야	세부 내용
뷰티	셀프 마사지, 셀프 속눈썹, 셀프 다운펌, 셀프 네일러, 셀프 케어, 셀프 왁싱
생활	셀프 수리, 셀프 수선, 셀프 주유, 셀프 빨래
운동	셀프 트레이닝(셀트)
사진	셀프 여권사진, 셀프 스튜디오, 셀프 사진관
기타	셀프 계산대, 셀프 보상, 셀프 생일선물, 셀프 피드백, 셀프 감금

출처 썸트렌드 비즈

즈니스 영역이 점점 확대되고 있다.

과거 셀프 관련 업종은 물건을 무인 판매하는 곳이거나 세차, 빨래 등 일상 노동을 해결하는 성격을 띤 곳이 많았다. 반면 최근에는 재미Fun 요소가 있거나 기술의 힘을 빌려 소비자가 전문가처럼 직접 해볼 수 있는 셀프 관련 업종이 인기가 있다. 우리는 이런 업종이 증가하고 있다는 사실을 눈여겨봐야 한다.

이러한 현상의 배경에는 경제 불황이 크게 자리하고 있다. 실제로 고금리와 고물가가 지속되면서 소비자들은 자급자족하며 생활비를 절약하는 방안을 모색하고 있다. 여기에다 자영업자는 물론 대기업 프랜차이즈까지 인건비 절감을 위해 직원 수를 줄이고 대신 키오스크 등을 도입하며 매장을 자동화, 기계화하거나 아예 무인으로 운영하는 곳이 늘고 있다.

그런데 신한카드 신규 가맹점 중 셀프 관련 업종을 살펴보면 절약 이외의 목적으로 셀프 활동을 하는 장소도 쉽게 발견할 수

'셀프' 관련 신규 가맹점 업종 비중 변화

(단위: %)

2021. 1H

업종명	비중
빨래방	49.9
편의점	13.2
세차장	12.6
주유소	11.3
식당	5.4
카페	3.5
반려견 목욕	1.3
노래방	0.7
사진관	0.4
아이스크림	0.4
기타	1.3

2023. 1H

업종명	비중
빨래방	43.4
세차장	13.9
사진관	11.5
주유소	11.5
식당	6.3
카페	4.4
라면	1.9
편의점	1.9
학업 시설	1.4
반려견 목욕	0.8
기타	3.8

출처 신한카드 빅데이터연구소
분석 기간 2021. 1~6. & 2023. 1~6.

있다. 이를테면 셀프 사진관, 셀프 스터디, 셀프 반려견 목욕탕 같은 시설은 전문가에게 의존하던 일을 소비자가 자신에게 맞게 스스로 해보고자 하는 자기 맞춤 욕구를 반영한 업종이라 할 수 있다. 이는 목적이 비용 절약이라면 굳이 이용할 필요가 없는 선택적 소비 업종이다.

셀프 사진관은 사진이 잘 나오는 각도와 포즈를 잘 알고, 전문 사진사 없이 편안한 분위기에서 자연스럽게 사진을 찍고자 하는 사람들이 선호한다. 셀프 반려견 목욕탕도 집보다 편리하게 이용할 수 있고 반려동물이 안정감을 느끼며 편안하게 목욕하도록 분위기를 조성해 이용자들의 만족도가 높다.

사실 셀프 이코노미는 최근 새롭게 등장한 것이 아니다. 이것은 과거에도 필요한 재료를 구매해 전문가의 도움 없이 스스로 완성품을 만드는 D.I.Y. Do It Yourself 형태로 존재했다. 과거의 D.I.Y.는 싸고 저렴한 것을 상징했다. 이와 달리 지금의 셀프 이코노미는 비용 절감은 물론 자신의 스타일에 맞추고자 하는 욕구를 더 강하게 반영한다. 나아가 소비자들은 능동적 주체로서 스스로 해냈다는 자부심과 만족감을 느끼며 과정 자체를 즐기려고 한다.

이를 뒷받침하듯 소셜 미디어 데이터상에서는 '자기주도' 언급이 증가했다. 초중고 학습이나 이유식과 관련된 글을 제외한 2023년 자기주도 언급량은 2021년 2분기 대비 22.4% 증가했다. 특히 책 읽기, 스피킹, 근력운동, 달리기, 테라피, 여행, 쇼핑 등 자기계발이나 여가 같은 성인의 일상 상황에서 함께 언급하고 있음을 확인할 수 있다.

재미있는 것은 과거 #자기주도독서, #자기주도영어학습 등으로 언급하던 '자기주도○○'을 최근에는 #자기주도책읽기, #자기주도스피킹, #자기주도근력운동 같이 구체적인 상황이나 활동에서 좀 더 친숙한 일상 용어로 표현한다는 점이다. 자기주도는 더 이상 육아·교육 용어가 아니라 스스로 주체적인 삶을 살고자 하는 요즘 사람들의 삶의 태도와 관점 변화를 보여준다. 이것은 소비를 포함한 일상생활 속에서 그대로 모습을 드러내고 있다.

잘파세대가 열광하는 것

신한카드에서 잘파세대(Z세대+알파세대)의 2023년 소비를 분석한 자료에 따르면 2019년 대비 소비가 크게 증가한 업종은 카페(+80%), 중식(+306%), 사진관(+351%)으로 나타났다. 각 업종 내에서 유독 잘파세대가 소비를 이끄는 업체는 공차와 아마스빈, 인생네컷·포토이즘이고 즐겨 먹는 음식은 마라탕인 것으로 드러났다. 이들의 공통점은 획일화한 제품과 서비스가 아니라 이용자 개개인이 자신의 스타일과 취향에 최적화한 것을 이용할 수 있다는 사실이다.

공차와 아마스빈이 대표하는 버블티 브랜드는 얼음의 양, 당도, 토핑 등을 자신의 선호에 따라 선택할 수 있다. 마라탕도 토핑이나 매운 맛 단계를 조절해 주문하는 것이 가능하다. 인생네컷과 포토이즘은 거리의 포토박스나 지정 셀프스튜디오에서 본인이 주인공이 되어 놀이하듯 직접 촬영을 즐기도록 해준다. 그리고 여러 장의 사진 중 마음에 드는 사진을 골라 원하는 프레임과 디자인으로 인화할 수 있다.

잘파세대는 일상 속의 소소한 커스터마이징 활동과 자신만의 개성 표출로 만족감을 높여주는 셀프 이코노미에 열광하고 있다.

더 성장할 셀프 이코노미

소셜 미디어에서 셀프와 함께 언급하는 연관 단어를 2년 전과 비

잘파세대 소비 증가 업종의 이용 금액 증가율

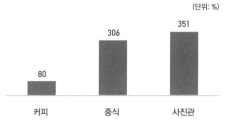

(단위: %)

커피 80
중식 306
사진관 351

출처 신한카드 빅데이터연구소
분석 기간 2021. 1H 대비 2023. 1H

세대별 중식당 이용 비중(마라탕 vs. 중식)

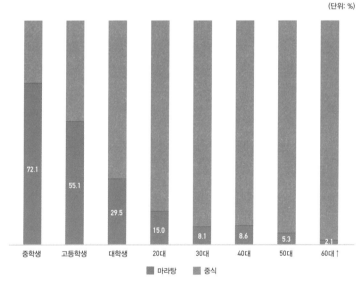

(단위: %)

중학생 72.1
고등학생 55.1
대학생 29.5
20대 15.0
30대 8.1
40대 8.6
50대 5.3
60대↑ 2.1

■ 마라탕 ■ 중식

출처 신한카드 빅데이터연구소
분석 기간 2023. 1~9.

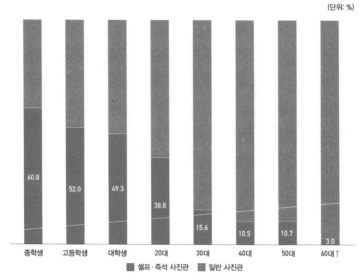

세대별 사진관 이용 비중(셀프·즉석 사진관 vs. 일반 사진관)

(단위: %)

	중학생	고등학생	대학생	20대	30대	40대	50대	60대 ↑
셀프·즉석 사진관	60.8	52.0	49.3	38.8	15.6	10.5	10.7	3.0

■ 셀프·즉석 사진관 ■ 일반 사진관

출처 신한카드 빅데이터연구소
분석 기간 2023. 1~9.

교 분석한 결과, 가성비를 의미하는 단어 언급은 줄어든 반면 방법의 간편함이나 성취감과 관련된 단어 언급은 증가했다. 결국 사람들이 생각하는 이 시대의 셀프는 저렴하거나 가격이 적당해서 마음에도 없는 고생길을 택하는 게 아니라, '생각보다 어렵지 않고 간편하게 할 수 있으며 자부심을 느끼게 하는 것'이라고 정의할 수 있다.

이러한 셀프 활동의 증가 원인은 무엇일까? 소비자가 스스로 해볼 수 있는 환경 조성을 꼽을 수 있다. 특히 유튜브나 다양한 매체가 정보를 제공하면서 스스로 시도하려는 동기를 부여하고 있고 실제로 영상만 봐도 쉽게 따라 할 수 있다. 여기에다 온·오 프라인 유통망 확대로 셀프 활동을 위한 물건(재료)을 구하는 것이 수월해졌다. 특히 이커머스의 배송 속도전으로 쉽고 빠르게 필요한 것을 획득할 수 있다. 이러한 환경 변화는 단순히 집 안팎에서 스스로 하는 작은 활동을 넘어, 능동적이고 주체적인 소비로 연결해주는 다양한 업종 탄생은 물론 구매 의사 결정에까지 영향을 미치고 있다.

소비자뿐 아니라 기업도 움직인다. 가령 삼성전자는 소비자 개개인이 맞춤형 가전제품을 구매할 수 있도록 '유메이크YouMake 캠페인'을 진행했다. 이는 전형적인 대량 생산 상품이던 가전제품이 다품종 소량 생산 체제로 변화하는 모습을 보여주는 대표적인 사례다.

지금까지 소비는 기업이 생산하고 제시하는 제품 중에서 선택해야 하는 생산자 중심 활동이었다. 이제는 달라졌다. 소비의 중심이 생산자에서 소비자에게로 옮겨갔고 소비자는 내가 직접, 나를 위해 만든, 나만의 것을 소비하는 셀프 이코노미를 이끌고 있다. 앞으로 그 영역은 지금보다 더 다양한 분야로 확대될 전망이다.

고유한 철학과 신념을 담아라

넷플릭스 오리지널 화제작 〈사이렌: 불의 섬〉에는 남성 비중이 높은 직업 군에 종사하는 여성 24명이 등장한다. 이들은 각 직업군을 대표하는 사람 으로 출연한 것이다. 이 프로그램과 출연자가 긍정 평가를 받는 이유는 고 정관념과 편견을 깨버린 그들의 능동적이고 주체적인 모습이 눈길을 끌 었기 때문이 아닌가 싶다.

그 모습은 요즘 소비자들과 오버랩된다. 오늘날의 소비자는 기업에서 대량 생산한 혹은 획일적으로 제공하는 상품과 서비스를 수동적으로 이 용하던 과거의 소비자와 다르다. 지금은 소비자가 자기만의 관점으로 자 신에게 맞는 것을 만들거나 적극 요구하는 등 커스터마이징 소비 경향을 보인다. 이것이 고정관념의 틀을 깨고 능동적이고 주체적으로 도전하는 〈사이렌: 불의 섬〉 출연진의 모습에서 소비자를 연상하는 이유다.

프랑스 철학자이자 사회학자인 장 보드리야르는 "무릇 소비재는 활용성보다 의미 전달을 위한 매개체 역할이 더 크다"라며 가성비나 욕망 충족, 상품 본연의 기능을 위한 물건 구매보다 개성 표출을 위한 수단으로서의 소비 행위에 의미를 부여했다.[5] 수단이 곧 고가 상품이 될 수 있다는 우려 섞인 이야기도 있지만 앞서 말했듯 요즘 시대 소비자들은 네임 밸류나 브랜드 가치보다 내 철학과 신념을 담을 수 있는 지극히 개인화한 그 무엇을 선호한다. 과거부터 이어온 소비 근간 아래 달라진 소비자 관점과 가치관 변화에 기민하게 대처해야 소비자의 선택을 받을 수 있다.

본질과 기본에 충실하라

소셜 미디어 데이터로 Z세대의 가치관을 분석한 결과, 이들은 브랜드 선택 시 정직을 중요한 가치로 여기는 것으로 나타났다. Z세대는 정직의 가치를 지키려는 노력에 가격을 매기는 걸 당연시하며 거부감이 없다. 또한 관점과 가치관이 맞으면 가격이 좀 비싸도 그럴만한 가치가 있다고 여겨 지갑을 연다.

사업체는 기본적으로 규모와 상관없이 업의 본질을 기반으로 경쟁사와 차별화한 강점을 갖춰야 한다. 경쟁 우위에 자리매김하려면 정직한 경영에 기반한 진솔한 소통이 꼭 필요하며 명확한 신념과 관점도 있어야 한다.

소비자에게는 진짜를 알아보는 혜안이 있으며 이들은 '찐'이라는 수식어를 붙여 기업 성장에 기여하기도 한다. 그러므로 본질을 지키면서 '진짜'로 승부를 걸어야 한다. 기능적 장점만 나열해도 괜찮았던 시대는 지나갔다. 소셜 미디어, 라이브커머스, AI 알고리즘 기반 추천 등 소비자와의 접점은 더 늘어나고 그들과의 거리는 좁혀지고 있다. 정직을 핵심 가치로 한 운영과 커뮤니케이션은 기업의 최고 자산일 수 있다.

피로감 없는 선택권을 주어라

다른 사람과 차별화한 자신만의 색을 표현하고 싶어 하는 사람들은 소비도 단순히 필요한 물건이나 서비스를 구매하는 것에 그치지 않는다. 그들은 먹고 마시고 사고 노는 다양한 활동 안에서 남과 다른 나를 정의하고 구분 짓고자 한다. 조금 비싸도 나를 드러낼 수 있다면 그 비용은 충분히 가치 있다고 보고 의미 있는 지출이라 여기며 소비 활동 안에서 자신을 찾고 만들어간다.

그러므로 고객이 자기 의지를 실현할 수 있는 부분을 서비스에 담아 고객에게 더 많은 선택권을 주어야 한다. 자기만의 관점으로 스스로 선택하도록 업에 맞는 고객 관점 인프라를 마련하는 것이 곧 자기 관점을 중요시하는 사람들과 협응하는 길이다.

한 가지 주의할 점은 과다한 선택권이다. 정보가 지나치게 많으면 소비자는 피로감을 느끼며 선택권의 효용을 체감하지 못할 수 있다. 핵심은 소비자가 최적의 효용 가치를 느낄 수 있는 선택권 범주를 파악하는 일이다. 그 이상의 선택지를 제공할 경우, 초개인화 알고리즘 등으로 고객과 상황에 맞는 1차 필터링 추천안을 제시해 고객 만족도는 높이고 피로감은 줄여야 한다.

거짓은 사라지고 정직은 살아남는다

뉴욕 스트리트웨어 브랜드 '노아 NYC Noah NYC'의 창립자 브랜든 바벤지엔은 쇼핑은 여러 브랜드 중 어느 쪽에 표를 던질지 소비자가 직접 결정하는 것이라며 "구매라는 행위는 어떤 의식을 지닌 브랜드와 앞으로 시간을 함께할 것인지 투표하는 행위"라고 말했다. 소비자는 윤리 의식을 갖춘 기업을 신뢰하고 마치 그 기업에 투표하고 지지하듯 소비한다는 의미다.

코트라 KOTRA 보고서에 따르면 Z세대는 상품이나 서비스를 구매할 때 환경보호에 적극적인 브랜드를 선호한다고 한다.[6] 이들은 자신만의 개성을 표출하고 존중받고자 하는 동시에 타인의 다름도 존중하는 세대로, 환경뿐 아니라 사회 정의에도 관심이 남다른 세대다. 이러한 기조는 MZ세대를 넘어 점차 다른 세대에게로 확대되는 경향을 보이고 있다. 달라진 소비자의 인식과 관점 변화에 관심을 기울이자. 또한 '구매'라는 소비자의 표를 얻기 위해 신뢰할 만한 경영 철학을 토대로 진정성 있는 커뮤니케이션으로 다가가자.

시공간 변화에서

사업 가능성을
발견하라

에필로그

'변화' 이야기는 '가능성'에 관한 이야기다. 사업계획서와 미래전략서, 자기계발서와 경제경영서, 인문예술서와 자연과학서에도 등장하는 가능성이란 단어를 생각해보자. 멈추지 않고 움직이는 모든 것은 가능성을 품고 있다. 그리고 사람은 누구나 부정적으로 바뀔 가능성보다 긍정적으로 바뀔 가능성을 높이고 싶어 한다.

이 책에는 지금 우리가 사는 시공간 변화에서 새로운 가능성을 발견한 이야기가 있다. 혼돈의 세계에서 한계를 극복하기 위한 전략도 담겨 있다. 시간과 공간을 잘 활용하면 당신의 삶이 풍요로워지고 비즈니스에서 성공할 가능성 역시 커질 것이다.

소수가 장악한 권위를 다수가 누리는 권리로 확대하는 것을 인류의 발전이라 부른다면, 지금 우리가 주목할 새로운 권리는 '시간 주권'이다. 이제 우리는 조직이 합의한 고정된 시간표가 아니라 개인이 원하는 시간표를 만들며 자신의 일상을 꾸려간다. 여기에다 언제든 무엇이든 할 수 있다는 효능감을 축적해 시간 총량과 속도를 조절할 수 있는 '시간 결정권'까지 누리고 있다.

예를 들면 적정한 기술로 근무 시간을 단축해 사적 시간을 확보하고, 가사노동 플랫폼 앱을 사용해 활성 시간을 확장하고, 드라이브스루나 식당 예약 앱을 이용해 분초 단위로 시간을 통제하고 관리한다. 자신의 시간을 주체적으로 운용하는 사람들이 시간을 보내는 공간은 이전과 다르다.

공간은 사라짐과 나타남이 뚜렷하다. 어제까지 있던 동네 세탁소가 무인 세탁소로 바뀌고, 오래된 사진관이 인생네컷 셀프 스튜디오로 바뀌고, 폐업한 철물점이 카페로 바뀌고 있다. 시대가 변하고 기술이 발전하면서 산업과 공간 패러다임이 그 영향을 받기 때문이다. 농장이 공장으로, 공장이 물류창고로 공간 구성이 바뀐 이유도 시대와 기술, 산업이 바뀌어서다.

지금 역세권 중심의 주요 상권은 로컬리티를 강조하는 핫플레이스로 옮겨가고 있다. 대형 복합쇼핑몰은 새로운 경험 가치를 제공하는 문화콘텐츠 공간으로 변모하고 있다. 온라인과 오프라인의 경계가 없는 시대에 공간은 새로운 감성 부가가치를 창출하기 위해 고군분투하고 있다.

시공간 감각이 첨예해지고 경험의 농도가 짙어지면서 사람들의 가치관도 진화하고 있다. 윤리성과 형평성을 고려한 '관점'을 탑재한 것이다. 진화한 소비자 관점은 정직과 자기다움에 초점을 맞추고 있다.

바야흐로 개인 시간이 늘어나고, 공간이 다양해지고, 자기답게 소비하는 시대에 비즈니스는 무엇을 고민하고 어떻게 달라져야 할까? 그 어느 때보다 시간, 공간, 가치관이 중요한 시대에 우리는 다음 3가지에 주목해야 한다.

첫째, 시간 결정권을 가진 고객을 주목하자. 시간은 고객이 서비스를 선택하는 데 주요한 요소이자 평가 기준이다. 개인 시간의 쓰임에서 중요한 것은 시간의 소비가 아닌 시간의 향유다. 시간의 가치가 귀해졌다. 의무와 노동에 소비하는 시간이 감소하고, 여가를 향유하고 영감을 찾기 위한 시간이 늘어난다. 시간의 향유를 통해 자신의 가치를 높이는 데 골몰한다. 이 때문에 시간을 다루는 비즈니스적 관점의 혁신이 필요하다. 비즈니스의 러닝타임, 고객의 활성 시간에 관여하는 방식 등을 더 고민해보자. 시간 경쟁력이 비즈니스 경쟁력임을 기억해야 한다.

둘째, 소비가 아니라 모험을 위해 떠나는 고객을 주목하자. 스크린과 랜선의 편의와 안락을 마다하고, 구체적 찬미와 입체적 영감을 경험하기 위해 집을 나서는 사람들의 발걸음을 이해하자. 어떤 공간에 머무를 지가 자기다움을 나타내는 시대다. 어떤 지역과 공간의 흥망성쇠는 고객이 원하는 자아상을 고스란히 반영한다. 공간이 중요해진 시대, '고객 페르소나'의 진정한 연구는 고객이 찬미하는 공간과 그 공간에서 고객이 느끼는 영감을 관찰하는 것에서 시작한다. 지역이 어필하는 감수성에서 공간 콘텐츠의 전달력을 높이는 적정 기술, 콘텐츠의 장르적 코드까지 고심해야 한다. 고객에게 새로운 메시지와 부가가치를 전달하고 싶다면 공간을 매개로 고객 접점을 모험으로 승화하는 기획을 해야 한다.

셋째, 대의에 눈뜬 고객을 주목하자. 지금은 1등과 2등을 나누지 않고, 정상과 비정상을 구분하지 않는다. 사회가 정한 표준의 경계가 사라지는 시대다. 이런 시대에 대의는 빛나는 가치다. 실제로 미시적 취향이 아니라 거시적 담론이 소비의 주요 화두로 자리매김하고 있다. 이제 모든 비즈니스는 정직을 기반으로 고객이 자기다움을 실현하는 데 기여해야 한다. 둘 중 어느 하나도 놓쳐서는 안 된다.

신한카드 빅데이터연구소가 관찰하고 발견한 가장 중요한 인사이트는 '고객'에게 있다. '고객이 왕이다'라는 말이 아니라 '시간과 공간 감각이 달라진 고객에게 주목하자'라는 메시지를 전하고 싶다. 고객은 더 이상 소비자가 아니다. 자기만의 시공간 감각과 자신만의 관점이 있는 주인공이다. 이들은 새로운 권리와 차원을 누리기 시작한 자기 생의 주인공이다.

이 책은 신한카드 3,100만 고객의 소비 데이터를 기반으로 쓰였다. 3,100만 주인공의 소비 기록은 '언제 어디서 얼마나 썼는가'를 알려주는 단순한 기록이 아니다. 3,100만 주인공의 선택이 모여 만든 흐름과 변화는 권리의 역사이자 새로운 차원의 지도이며, 인식 변화를 설명하는 윤리 매뉴얼이다.

우리는 3,100만 주인공의 소비 기록을 바탕으로 새로운 비즈니스 가능성을 찾을 수 있다. 가능성이라는 단어에는 가치판단이 없다. 이는 누군가에겐 위기가 되고 또 누군가에겐 기회가 되는 단어다. 그 가능성 속에서 무엇을 발견하는가, 그 가능성을 키우기 위해 어떻게 대처하는가는 그것을 활용하는 이의 지혜와 통찰에 달렸다. 각각의 주인공이 직면한 새로운 가능성을 위기가 아닌 기회로 펼쳐나가길 바란다.

시공간 축의 변화는 이미 시작되었다. 오늘의 당신이 빠르게 변화하는 세상을 먼저 읽고 대응하기 위해서는 시장 변화를 조기에 감지해야 한다. 낯선 시공간에서 삶의 기회를 찾기를, 비즈니스에서 놀라운 성공을 이루기를 기원한다.

주석

PART 1 시간 재구성

1 〈"일찍 일어나는 새가 벌레를 잡는다" 미라클 모닝 챌린지를 아시나요〉,《세계일보》, 2023년 1월 7일.
2 〈치솟는 점심값에 식사 노선 변경하는 직장인들〉, 엠브레인의 2023 직장인 점심식사 관련 인식 조사, https://blog.naver.com/mkresearch/223074170246
3 〈"부장님, 저는 혼밥할게요!" 샐러드 집도 함박웃음〉,《서울경제》, 2023년 5월 8일.
4 〈한국과 주요 선진국 노동시간 규제 현황 비교〉, 한국행정연구원, 2022년.

PART 2 시간 재발견

1 S. Noy & W. Zhang, 'Experimental Evidence on the Productivity Effects of Generative Artificial Intelligence', SCIENCE, 13 Jul 2023, Vol 381, Issue 6654 pp.187-192.
2 〈2022년 플랫폼 종사자 규모와 근무 실태〉, 고용노동부·한국고용정보원, 2022년.
3 〈"위스키 오픈런, 편의점 온라인서 더 잘 나가요."〉,《에너지경제신문》, 2023년 4월 2일.
4 국회예산정책처,《NABO 경제 동향》제36호, 2023년.

PART 3 공간 재생

1 유정수,《있는 공간, 없는 공간》, 쌤앤파커스, 2023년.
2 〈개성 있는 상가, 붉은 벽돌 거리… '한국의 브루클린' 성수동은 또다시 진화 중〉,《조선일보》, 2023년 4월 3일.

PART 4 공간 변화

1 〈산업부가 바라본 4차 산업혁명 코리아루트〉, 산업통상자원부, 2017년.

2 〈무인점포 관련 U&A 조사〉, 엠브레인, 2021년.

3 〈SPC 배스킨라빈스, 무인 매장 플로우 1호점 오픈〉, 《SPC 매거진》, 2021년 12월 2일. 〈SPC 배스킨라빈스, 무인 매장 플로우 2호점 도곡 오픈〉, 《SPC 매거진》, 2022년 1월 3일.

4 〈ASTI Market Insight 32: 서비스 로봇〉, 한국과학기술정보연구원, 2022년.

5 〈배민, 서빙 로봇 국내 첫 '인증중고' 서비스 오픈〉, 우아한형제들 보도자료, 2023년 5월 2일.

6 〈브이디컴퍼니, 국내 최초 서빙 로봇 다이렉트 요금제 출시〉, 브이디컴퍼니 보도자료, 2023년 2월 1일.

7 〈엔데믹 시대, 상업 공간의 미래〉, 《동아비즈니스리뷰DBR》 354호, 2022년.

8 Macy's opens more strip mall stores as expansion strategy faces pivotal test, CNBC, 2023.

9 〈백화점 트렌드 리포트 2023〉, 오픈서베이, 2023년.

10 〈현대백화점, 압구정본점에 신개념 프리미엄 다이닝 홀 선보인다〉, 현대백화점 보도자료, 2023년 7월 4일.

11 〈How Luxury Department Store Harrods Built A Booming Restaurant Business〉, 《Forbes》, 2023, https://www.forbes.com/sites/kevinrozario/2023/03/15/how-luxury-department-store-harrods-built-a-booming-restaurant-business/?sh=25084d327dfc

12 〈롯데百, 본점에 미디어아트 전시관 '그라운드시소 명동' 오픈〉, 《뉴데일리경제》, 2021년 6월 6일.

13 〈아트가 뭐길래… 백화점, 아트마케팅 강화 중〉, 《시사포커스》, 2023년 2월 27일.

14 〈현대百, 더현대 서울 알트원 키운다… 퐁피두센터와 손잡고 '라울 뒤피' 전시〉, 《조선비즈》, 2023년 5월 2일.

15 〈서울 로컬 그로서리 스토어 4〉, 《우먼동아》, 2022년 3월 14일.

PART 5 공간 탄생

1 〈지난 주말 성수동에서만 43개…'핫플=팝업 특구'됐다〉,《중앙일보》, 2023년 6월 13일.

2 더현대 서울,《POP-UP-SEOUL》VOL.2, https://www.thehyundaiseoul.com/anniversary_2nd/.

3 〈Z세대 81.6%는 팝업스토어 여는 브랜드를 긍정적으로 평가한다. 왜일까?〉, 캐릿, 2023년 4월 27일.

4 〈무신사 스탠다드 홍대, 플래그십 스토어 전략 통했다〉, 무신사 홈페이지 뉴스룸, https://newsroom.musinsa.com/newsroom-menu/2021-0531.

5 〈스테이폴리오, 퇴사 여행 중 설계자의 뇌구조가 궁금해졌다〉,《조선일보》, 2021년 7월 29일.

6 〈엔데믹에 기업 메세나 늘었다…지난해 지원액 2073억〉,《뉴시스》, 2023년 7월 5일.

7 〈'프리즈 효과' 한국 아트딜러 매출 40% 늘었다〉,《매일경제》, 2023년 4월 5일.

8 클레어 비숍,《래디컬 뮤지엄》, 구정연·김해주·윤지원 옮김, 현실문화, 2016년.

9 〈블록버스터 전시 10만·20만 시대 누가 관람했나〉,《헤럴드경제》, 2023년 7월 3일.

PART 6 가치 차별화

1 〈2023 화장품 업종 분석 리포트〉, 메조미디어, 2023년.

2 김병기·이세라,《프릳츠에서 일합니다》, 폴인이만든책, 2019년.

3 김윤정,《작은 가게에서 진심을 배우다》, 다산북스, 2020년.

4 〈Z세대 선정, 2023 상반기 일 잘한 브랜드 어워드〉, 캐릿, 2023년.

5 〈소비로 개성을 표현하는 시대, 가치소비가 중요한 이유〉,《소비자시대》, 한국소비자원, 2021년.

6 〈팬데믹 2년, 미국 소비트렌드는 어떻게 변했나〉,《Global Market Report》, KOTRA, 2022년.